イスラーム信仰叢書 2

イスラームの天国

イブン・カイイム・アルジャウズィーヤ 原著
水谷 周 訳著

国書刊行会

写真１（左上）　イスラーム第三の聖地とされるところで、左手に岩のドームと右手にアルマスジド・アルアクサー（在エルサレム）。
写真２　岩のドーム内部――このドームは通常のマスジドとは異なり、岩を覆うために設けられた。

写真３（上）　この岩から、預言者ムハンマドは天馬（ブラーク）に乗って天に昇ったとされる。アッラーから礼拝の仕方を教えられるためであった（岩のドーム）。
写真４（下）　預言者ムハンマドの生家の場所（在マッカ）——マッカ図書館という看板の横には「ここを特別扱いすべきではない」と、イスラーム上の注意書きが掛けられている（2006年12月、水谷周撮影）。

写真５（上）　預言者マスジド（在アルマディーナ）——聖遷後の預言者の住居とその隣にあった礼拝所の場所に発達したマスジドである。拡張されて一時に100万人の礼拝が可能となった。
写真６（下）　預言者マスジド内の預言者の埋葬地の扉。

写真７（上）　イブン・カイイム・アルジャウズィーヤ『喜びの国への魂の導き』写本を収蔵するザーヒリーヤ図書館（在ダマスカス）の中庭と入り口。
写真８（下）　写本が完成されたアルジャーミウ・アルカビール（在レバノン・トリポリ、1973年4月、水谷周撮影）。

最も慈悲深く、最も慈愛あまねきアッラーの御名において

はじめに

イスラームの基本であるクルアーンや預言者伝承についての案内や、生活に規範を与えるイスラーム法については、日本語でも相当情報量は増えつつある。しかしイスラームの信仰内容に関しては、一歩掘り下げつつも読みやすいものが、いまだ潤沢ではない。このような間隙を埋める一石として、天国案内としてよく知られた、イブン・カイイム・アルジャウズィーヤ著『喜びの国への魂の導き』を紹介したい。

巡礼はあの世行きをこの世で実践している側面があるとも言われるが、巡礼中に他界した人はそのまま天国に行くとされる。またイラクやパレスチナの紛争で「自爆」という言葉をよく耳にする。しかしそれは外から見たときの用語であり、アラビア語では「殉教（イスティシュハード）」と呼ばれている。そして殉教者も天国へ行くことが保証されているので、彼らは天国を目指しているとも言える。このような現代的な文脈からも、イスラームの天国論を知る意味があると考えた。

イスラームは和やかな人格を作り、明るく積極的な生活上の姿勢を生み出す。そのような生活感覚と意識の頂点にあるのが天国であろう。したがって天国を語りそれを知ることは、同時にこの世を正しく生きていくうえでの励みと指針になる。ムスリムにとってはその学習がいっそうの心の支えとなり、また非ムスリムのかたがたもその心の豊かさと逞しさを、目の当たりにされることを希望する。

ところで一般に日本で天国がどう扱われているかをインターネットで検索してみると、千を下らない件数をヒットする。しかしほとんど宗教論は出てこない。たとえばカラオケ天国やラーメン天国などといった用法は極めて盛んである。また極楽はどうかと思って見てみると、寺院名などに冠した例はあるが宗教論が希薄であることは変わりない。これは今日の日本の無宗教的な状況の一側面にすぎないのだろうが、本書がそれに対する一種のカンフル剤となることも期待したくなる。

本書のまず初めには一般論として、イスラームにおいて人の生と死や生涯がどのように捉えられているか、そしてその延長で天国と地獄がどのように描かれているかを、当方の言葉で概略説明することにした。次いでは、本書の中心となるイブン・カイイム・アルジャウズィーヤ著『喜びの国への魂の導き』という古典の背景と位置づけ、著者紹介などの解説をした。それらを受けて、最後に『喜びの国への魂の導き』の原文からの日本語訳と注を記した。今もアラブ人の好んで読む天国案内書を通して、イスラームにおける天国の模様をたっぷり堪能するとともに、随所にアラブ・イスラーム固有の論法や発想法などを実見する貴重な機会になるのではないかと思う。

アラブ人にとっても一番関心が集中するのは、第４部９である。天国の人はアッラーの尊顔を拝することができる、という記述である。

それはいったいどのような情景なのであろうか。通常の意味での視覚で物を見るというのとは異なり、あたかも視界は光に満たされ、アッラーの九九の美称（偉大、強大、慈悲、唯一、永遠などなど）すべてが一時に、なんとも言えない一体として顕現するものと思われる。

しかしそれ以上は、イブン・カイイム・アルジャウズィーヤ自身の筆に委ねることとしたい。
それでは本書を手にされるかたがたに、アッラーのご加護と報いがあることを祈願する。

訳著者

西暦二〇一〇年、ヒジュラ暦一四三一年夏

目次

1　イスラームの天国と地獄

（1）イスラームにおける人の生涯

ア　生から死まで

イスラームにおける人の生涯の捉え方を概略的に確認しておこう。まず初めに、生から死までについて見る。人間はアッラーによって創造されたが、その祖はアーダムとハウワー（イヴ）であった。アーダムは土から創られたが、その名前はアラビア語で地表を指す「アディーム・アルアルド」が語源で、ハウワーはアーダムの左の肋骨から創られ、生きているものという意味の「ハイ」が語源であった。人には知性・理性が授けられたが、その創造の目的は知性・理性によって善い信者として絶対主であるアッラーに帰依するかどうかを試すためであった。[1]

これに比べて、天使は人よりも少し先に光から創造されたが、独自の知性は与えられず、ひたすらアッラーを崇めることが勤めとなっている。またジンと呼ばれる燃える火から創られた存在は、人を悪へ誘う働きをする天邪鬼のようなものである。

こうして人は創造され、その後は精液の一滴から血の塊、そしてそれに肉と骨が形成されて、胎児となって次の新たな世代に引き継がれてきているのである。

生まれ出た人は毎日、生と死の両世界を往復している。夜就寝するのは、アッラーがその人の生を奪って死をもたらしているのだ。ただしその際、魂はまだ体内に留まっており、この状態は「小死」と呼ばれる。そして翌朝目が覚めるのは生が戻されるからで、朝一番に口にする祈りの慣用句は、生に戻してもらったことへの感謝の言葉である。しかしいつの日か、誰しも戻ることのないかたちで、この世と別れを告げる。これが普通に言う死亡である。魂は体の外へ離れてしまい、これは「大死」と呼ばれる。

この間、一生を通じて人に期待されることは、アッラーに帰依・服従し、どれだけ篤信の日々を過ごすことができるかということである。どれほど善行を積むかということが問われる。そしてそれは人の生きがいであり、生の喜びでもある。しかし同時に、「本当に現世の生活は、虚しい欺瞞の享楽に過ぎない。」（鉄章七・二〇）とされて、永劫であるあの世への志向が促される。なお一生を通じてその間にも折々のアッラーの報奨と処罰はあるが、最後の審判で最終的に清算されることになる。

イ　死から最後の審判まで[2]

(ア)　バルザフの世界

いつどこで大死を迎えるかは、アッラーのみが知るところである。その知らせは天使が死者の頭に乗って知らせる。そして人は死去する時に苦痛（サクラート）を味わうが、それは神経が働いているのに魂が体内から出て行くために生じるものである。

しかし信者にとっては、アッラーと会えることになるので、その死の苦痛さえも喜びへと転じるのである。亡くなった人の目が上を向いていることがよくあるのは、魂が抜けていくのを見届けているからである。信者の魂は、麝香（ミスク）の香りがするという。そして魂はいったん天上まで上ってから、次いで死者の肉体へと戻り、その後は生と死の中間的な状態へと移る。ただし物質的な意味の死体は、墓の中に留まっている。

この中間態が元々は囲い壁の意味のバルザフと呼ばれる世界である。バルザフは地上で言えば、まさしく生と死の間で、その状態は寝ているのに動く様として説明される。[3]

他方で不信者の魂は、腐ったような嫌な臭いに包まれ、最後の審判以前ではあるがバルザフの世界において、すでにさまざまな処罰を受けることになる。これは墓中の苦痛（アザーブ・アルカブル）という固有名詞で呼ばれる。最後の日までバルザフで待機するのは、どのくらいの期間なのであろうか。またこの世の人々にとって最後の日がやってくる時期には、何か前兆があるのであろうか。いずれもアッラーのみぞ知るである。近い日に、また突然に到来するということではあるが、いつかが知らされないのは信者をより善行に駆り立てるためであると解されている。ただし前兆としては、相当の自然界の変調が見られるとされる。

（イ）　最後の日・復活の日[4]

そして最後の日がやってくる。その情景は次のとおりである。

その日、ラッパが吹き鳴らされ、イエメンの方向から薫香が吹いて来ると、信者の命は奪われ、シリア方面へ集められる。そしてイスラームは終焉を迎え、カアバ聖殿も崩壊する。悔悟する機会も、これで終わりとなる。三日間、太陽は逆転する。次いで太陽と月が合体し、天空は裂けるようにちぎられて、海は沸騰する。天地創造の振り出しに戻るような情景であり、ありとあらゆる天変地異が生じている。この間、不信者はそこに残される羽目となる。

次いでは、いよいよ復活の日である。その日は最後の日が始まってから、四〇経過してからであると言う。しかしその単位が、日、月、あるいは年のいずれかはわかっていない。いずれにしてもそれは金曜日であるが、二度目のラッパを天使のイスラーフィールが吹き鳴らして復活が始められる。復活の日は、地上の単位で言うと五万年かかると言う。復活して大地から初めに出てくるのは、預言者ムハンマドである。そして信者は全員白い土砂が敷かれた他には何もない土地に集められる。これがアッラー直覧の日（アルヤウム・アルマシュフード）である。[5] この五万年間、信者は預言者ムハンマドの影の下にいることができるし、アッラーへの仲介も期待できる。影に入れる人たちとしては、公正な指導者、篤信な育ちの青少年、マスジドに心が向いている人、名誉や女性の誘惑に負けない人、人に見捨てられても喜捨する人、それから預言者の側近の人たちが優先されるとも言う。

他方で不信の輩はこの間、裸のままで置かれ、肌は青色になっている。着衣しているとしても、それは火からできた服である。彼らにはもはや視力、聴力はなく、口も利けない状態で、暑くて出る汗に溺れそうになっている。そうして各自の行いを記録した帳簿が空を飛んでいるが、やがて人の手に落ちてくる。その際、それを右手にするものには善行が記され、左手にするものには悪行が記されているのである。

（ウ）最後の審判

生涯を通じての審理の場である、最後の審判の様子は次のとおりである。

審判の際には、各自の口以外にも体すべての部位がそれぞれどのような行為を取ってきたかについて証言をする。審判でまず問われるのは、その人の信仰のあり方、なかんずく礼拝の実施ぶりである。その他ありとあらゆることがチェックされる。金銭、飲食、約束の履行ぶり、その他意図したすべての行為が対象になる。富裕な人は貧乏な人よりも、四〇年長く審判に掛けられる。それらの全行為は、善悪の秤の上に載せられて計量されるが、二つの証言（アッラー以外に神はない、ムハンマドはアッラーの使徒である）は、あらゆる悪行よりも重く計られることとなる。

審判実施に際して遵守される諸原則として、次の諸点が枚挙される。それは公正であること（アドルあるいはインサーフ）、他人の行為と混同されないこと、自分の行為は記録の書に見ることになること、善行は積み増しの報奨がありうること、意図（ニーヤ）も清算の対象として数えられること、心より悔悟していればそれも数えられることなどである。

こうして審判は下される。そして殉教者や信者たちは冠をかぶせられて、天国入りを果たす。ただし天国に行くにしても、そこにはいろいろな段階が用意されている。天国へ入る時にもその入り方に良し悪しがあるし、天国での待遇も良し悪しがある。

他方不正の支配者、罪を犯したイマーム、男装をした女性たちなどは、地獄行きである。アッラーはこれら不信者を地獄に連れてゆくために、七万の綱を持ち、その先にはそれぞれ七万の天使がいる格好で、したがって合計四九億人の天使を引き連れてくるという。そして地獄行きの罪人は、顔で歩くという。しかし地獄で十分悔い改めてアッラーへの帰依を誓約すれば、いずれ天国に迎え入れられる可能性はある。永劫に地獄に留められるのは、その人があくまでアッラーに服従しないで反抗し、自信過剰で傲慢な態度を取る場合である。

こうして天国行きは、人の生涯を通じての努力の結実であるとともに、日々の生活の究極的な目標と言えそうだ。その大きな喜びは最終的なものであるとしても、日々の善行を積み重ねる中にもその時々の報奨もあり、日常的な生の喜びが見出されていくこととなる。人は以上のパターンと図式から抜け出ることはない。イスラームはそれを諭し教えている。

（2）天国と地獄のあらまし[6]

ア 天　国

初めに天国について見る。それはあの世のナイーム（快楽、至福）の世界であり、アッラーが信者のために準備されたところである。そして最大のナイームは、他でもないアッラーが嘉《よみ》されることであり、ご満悦（リドワーン）を得ることである。このナイームは、地上のどのような楽しみも小さく思わせるし、またナイームには天国では呼吸をすること自体がアッラーを称えていることにもなるという面もある。

天国はこの世からは見えないものの一つであるが、信者はその存在を信じ、そこへ入るため善行に励むことが勤めとなる。事実、イスラームには六つの信仰箇条があるが、あの世の存在を信じることがその一つに入っている。ただし信者の善行は必要条件であって、十分条件はアッラーのお慈悲とお赦しがあることである。

天国への入り方も、ただ入れてもらう場合、次にはアッラーの顔を拝見できる（アッラーが信者の心を満たすということ）場合、そして最高の形はアッラーが嘉されるというものである。天国には百ほどのさまざまな種類や段階がある。人がどれだけ善行を積み努力し辛抱したかによって差が出る。とくに、良い子供を育てたか、良い知識を提供したか、日頃の喜捨はどうか、の三点が評価されるが、その判定は最後の審判においてアッラーが執り行われる。

天国入りの情景は次のとおりである。炎の上の橋を渡って溝を渡り、門をくぐって天国に入る。入り口には天使の門番がいる。門は続く形で八個あるが、その門の幅はとてつもない距離がある。そして一つ一つの天はまた、大変な距離で隔てられている。頂上には玉座があり、また下へ流れる川（カウサルと呼ばれる）の源泉がある。どの天国にも泉から水と牛乳が流れ、生姜入りのカーフールという飲み物、蜂蜜、酒（この世のものとは異なる）などがある。流れる川と樹木や黄金と銀で覆われた快適な家があり、またすべては真珠や宝石で飾られ、麝香の匂いがして、何人もの美しく大きな目をした女性が仕える。地上の妻はこれらの女性の長となり、また天国には嫉妬心は存在しない。

果樹園にはブドウ、ナツメヤシ、ザクロなどが生えており、棘のないスィドルの樹木にはリンゴなどがなっている。もちろんこれらはすべて地上のものとは異なっている。たとえば樹木の影に入ってその影から出るためには、馬で駆けて一〇〇年はかかるという。しかもその樹木は黄金である。透明な城、宮殿、館はいくつもたくさんあり、高い天幕も張られている。というのも全員が身長は三〇メートルほどで、年齢は最盛期の三三歳である。一二回（ラカアート）追加の礼拝をすれば、望みのマスジドが建造される。太陽、月はなく、朝も夕方もない。ただ光が玉座から輝く時が、朝に相当する。

預言者ムハンマドに続いて天国に入るのは、公正で、慈悲ある人たちで、殉教者のためには一〇〇の天がある。互いの挨拶は「平安あれ、アッサラーム」である。また改悛して地獄から救われた人々もいる。彼らは、地獄上がり（ジャハンナミー）と呼ばれ、天国にはふらふらしながら入ってくる。そしてそこで初めて樹木の影を目にすることになるが、天国の楽しい声も彼らの耳には新しい。

天国で眠る人はいない。服装は豪華で、宝石で飾られ、生地は絹か錦織である。以上のようにどの天国であれ、そのあり方や生活はこの世のものとはおよそ異なっている。それはそこが永劫の館であり、至福や快楽の常なるところであるからだ。このような状態を呼ぶのには、トゥーバー（安寧、安心立命あるいは安心大悟とも訳される）という固有名詞が使われる。さらには天国の飲食も快楽のためであって、飢えや渇きは存在しないのである。[7]

天国にはさまざまな呼称が使われている。アルジャンナ（楽園）、アルフスナー（最良）、アルグルファ（館）、アルフィルダウス（ギリシア語起源）、ジャンナ・アンナイーム（快楽の園）、ジャンナート・アドニン（アドンの園）、ジャンナ・アルフルド（永久の園）、ジャンナ・アーリヤ（高い楽園）、ジャンナ・アルマアワー（逃れの館）、ダール・アルアーヒラ（あの世の館）、ダール・アッサラーム（平安の館）、ダール・アルカラール（安定した住まいの館）、ダール・アルムッタキーン（敬虔な信徒の館）、ダール・アルマカーマ（永住の館）など。

本書で天国と言うとき、アラビア語に直接対応する単語はないが、以上の用語すべてを含んだ総称として用いることとした。

イ　地　獄

次に地獄の様子を見てみよう。地獄もアッラーが創造されたものであるが、その目的は不信者への報いとして設けられた。不信者は頭皮をはがされて、暗黒の中を歩む。そして先頭を切って炎の上の橋を渡るのは預言者ムハンマドであるが、不信者は次々とその橋から落ちてゆくのである。その下には絶えることのない業火の炎が待ち受けている。そして地獄の入り口には、係の天使の門番がいる。

地獄には何層もあり、下へ行くほど厳しいものになっている。イブリース、ファラウーン、不信の支配者や邪なイマーム、傲慢な人、嘘つきなど不信仰の罪を犯してそこへ追いやられる者どもは、永劫に生きも死にもしない状態に置かれる。しかし罪滅ぼしをして悔悟する者には、地獄を出て天国に移る可能性も残されている。次の一節は、この情景を一番端的に表出している。

「災いなるかな、すべての悪口を言って中傷する者。財を集めて計算する者。本当にその財が、かれを永久に生かすと考えている。断じてそうではない。かれは必ず業火の中に、投げ込まれる。業火が、何であるかをあなたに理解させるものは何か。ぼうぼうと燃えているアッラーの火、心臓を焼き尽し、かれらの頭上に完全に覆い被さり、列柱の中に。」（中傷者章一〇四・一－九）[8]

さらには不信者の脳味噌は沸騰し、足元にはとがった砂利が敷き詰められ、体からは膿が出ていて、着衣は燃える火に包まれている。また口にすることのできる唯一の食べ物であるザックームの樹木は、棘が一杯あり、それは体内で胃腸を燃やすという。またその業火は人で一杯になることはなく、収容者数に限界はない。ただしこの業火というのは、この世の火とは異なるものである。「あなたがたのつけている火は、地獄にある七〇種類のうちの一つである。」という預言者伝承もある（アブー・フライラが伝えたものでアッティルミズィー伝承集所収）。

このような地獄の責めから逃れられるように、いつもアッラーの助力をお願いして祈りを上げるのは信者の義務であり嗜みの一つである。その一番典型的なものは次の言葉であり、これは巡礼のときにカアバ聖殿を回る時、黒石に近づく際にも唱えることになっている。

「主よ、現世でわたしたちに幸いを賜い、また来世でも幸いを賜え。業火の懲罰から、わたしたちを守ってください。」（雌牛章二・二〇一）

なお、地獄の呼称にはさまざまある。ジャハンナム（ユダヤ語の地獄ゲヘンナ）、アルフタマ（粉砕する）、アンナール（火）、アッサイール（燃え盛る火）、サクル（地獄の火、外来語）、ラザー（地獄の火）、アルジャヒーム（燃え盛る業火）、アルハーウィヤ（最下の地獄の館）など。地獄の総称としてはジャハンナムを用いる。

（3）他宗教との対比

以上のようなイスラームにおけるあの世の天国の状況をより鮮明にするために、仏教およびキリスト教と対比してみよう。日本語でイスラームの天国を語るときにいくつも共通の用語を使用することになるため、得てしてそれら二宗教と思わぬところで混同し錯覚に陥るのを防ぐためである。

ア　仏　教

まず仏教との対比で注意したい諸点を上げる。仏教の極楽は、イスラームと同様に人の死後、快適な素晴らしい生活が享受されるところである。そしてきらびやかな描写が、阿弥陀経など浄土三部経にはくり返し出てくる。金銀や宝石に輝く楼閣と、蓮の花咲く池が目に浮かぶようだ。また極楽へ行けるかどうかは、その人の現世における行い次第である点もイスラームと酷似している。このように極楽そのものは、概要としてはイスラームの天国と極めて近い存在であるとも見られる。

しかし細かく見れば両者の違いがいろいろ指摘できるのは当然だ。単純な話として、極楽の蓮の池などその景色は天国のそれとは異なっている。また天国入りの前にはアッラーではなく、恐ろしい形相の閻魔大王が人の評価・裁定をして極楽行きが決められる。

しかしここで注目しておきたいのは、以上のような個々の差異ではなく、極楽をめぐる構造的な違いである。とくに二つ指摘しておきたい。一つは仏教上の極楽は地獄との対置関係にあると同時に、汚れてきたない穢土であるこの世と対置されているということである。厭離穢土《おんりえど》が仏教思想の基調にあるとすれば、イスラームにはこの発想はなく、この世は人が篤信であることを証明する試練の場として設定されているのである。ここにイスラームにおける現世肯定主義であり、積極性の源を見ることができる。

次には当然ながら、天国はアッラーの創造されたものであるが、極楽の場合は仏による創造を説くわけではない。存在の基本は、万物が生々流転《しょうじょうるてん》するという縁起の法に拠るからだ。しかし万物の存在そのもの、果ては縁起の法自体をも仏として捉えるならば、仏の創造と言わないまでも、論理上、あるいは実質的にはそれに極めて近い内容を指していることになると言えよう。

イ　キリスト教

キリスト教の天国との対比上、構造的な差異はほとんど見られない。イスラームはキリスト教を肯定し、その上に成立しているのであるから当然でもある。それにもかかわらず、あえて両者の差異を明確にし、注目しておきたいのは、以下の二点である。一には、とくに中世のキリスト教世界で流布した、天国行きを保証するという免罪符の販売などは、イスラームには見られなかった。聖職者階級を作らないイスラームの制度が働いていて、このような差が出たと言えよう。

二には、天国入りのシナリオが異なっている。人の一生は原罪を背負っていてそれをどこまで償えるかが問われているとするキリスト教には、暗さが伴っている。それに対して、イスラームでは人生はあくまで信仰の深さと実践の積み重ねであり、原罪感覚はない。赤子は無辜《むこ》なのである。後者がより単純明快で、明朗であることは、議論を待たない。巡礼を果たしたものには、赤子の無辜さが取り戻されるのである。

またイスラームでは罪や過ちは、それを償う行為で帳消しにされるので、人の新鮮な再出発を保証しているのである。これも明快さ、明朗さに貢献していると言える。

注（1）アッラーは人の誕生前にいつも魂を吹き込むが、その魂は男女平等で同じものである（クルアーン参照、婦人章四・一）。

（2）この部分は、今人気の高い伝教師ターリク・アッスエイダーン『終末物語』クルトゥバ技術製造、リヤード、ヒジュラ暦一四一八年、に基礎を置いている。同師はクエイト人だが、現在は主としてサウジアラビアで幅広く活躍している。

（3）　イスラームにおける霊魂（ルーフ）論は天国論とは別途に盛んなものがあるが、その中でこのバルザフも論じられる。天国論と同じ著者では、イブン・カイイム・アルジャウズィーヤ『アッルーフ』ベイルート、二〇〇六年、など。バルザフというペルシア語起源の言葉は、クルアーンでは、信者たち章二三・一〇〇、識別章二五・五三、慈悲あまねく御方章五五・二〇に出てきて、「障壁」とも訳されている。

なお魂については脳波やテレパシーや遠隔視などと並んで科学的な研究も進められており、極めて高速の波動ではないか、そしてバルザフは中間点という原義であり、究極的にそれは核の電子と陽子の中間の地点ではないかとの仮説もある。アフマド・シャウキー・アルフジャイリー「クルアーンと霊魂」www.55a.net/firas/arabic/ また宇宙には人の目には見えないが人体をも通過している物質として「暗黒物質」の存在が科学的に証明された。まだまだ未知の世界は広がっている。

（4）　最後の日は預言者没後五〇〇年目であるなど、また復活の日、最後の審判のあり方などについても、それぞれ過去において多大な議論と検討が行われてきたことを記しておきたい。それぞれが十分に膨大な紙数に値するテーマなのである。

（5）　巡礼月九日、留礼（ウクーフ）をするアラファの日は、同様に「アッラー直覧の日」と呼ばれている。

（6）　ここのまとめとしては、『世界アラブ百科事典』リヤード、第二版、一九九九年、全三

○巻所収の項目「アルジャンナ」および「ジャハンナム」を参照。また注(2)に既出のターリク・アッスエイダーン『終末物語』第五講義および第六講義。

(7)「天国にあってこの世にもあるのは名前だけ」(イブン・アッバースからの伝承)と言われる。言葉の意味内容は異なっているということ。このような言葉の用法は「立証のための言語(カラーム・ダラーリー)」と呼ばれている。これはアラビア語では、言葉の意義(ラフズ、あるいはマアナー)、音声(サウト)、心理的(ナフスィー)効果という三つの用法と並置されるものである。

「立証のため」を単なる比喩と考えると、まだ発想はこの世の範囲に留まっている。全く異次元なあの世のものとしての理解が求められる。このような一種のひらめきによる認識のレベルをあえて日本語で表現すると、やはり「悟り」が一番近いのであろうか。異文化を語ることのむずかしさである。

(8)『聖クルアーン』日本ムスリム協会改訂版を使用。ただし必要に応じ、本書では修正した。

2

イブン・カイイム・アルジャウズィーヤ著

『喜びの国への魂の導き』

（1） イスラームにおける天国論

クルアーンには、天国への言及は随所に横溢している。[1] また預言者伝承に関しては、天国の取り上げ方は収集者によって二通りに分かれる。

一つはその伝承集において、独立したテーマとして一つの章や部を設ける方法である。その方式を取っているのは、伝承収集者としてよく知られているムスリム、[2] アッティルミズィー、アッダールルミーなどである。二つ目には、独立した形ではなく他のタイトルの章や部の中に入れた形で天国論を取り上げる方式である。それには、上記と同様に著名な伝承収集者アルブハーリー[3] およびイブン・マージャ（「禁欲」の章）やアルバガウィー（『伝承解説』「試練」の章）などがある。

また預言者伝承集ではなく歴史書に挿入したことで知られるのが、イブン・カスィール（ヒジュラ暦七七四年没）である。彼はその高名な史書『始めと終わり』の最後の部分で天国のテーマを取り上げた。以上と異なるのは、個別の書物の形で天国論を展開した人たちである。それらには、アブー・バクル・ブン・アビー・アッドンヤー（ヒジュラ暦二八一年没）やアブー・ナイーム・アルアスファハーニー（ヒジュラ暦四三〇年没）らがいた。両者とも『天国の状態』という同じ題名の書を著している。

そして本書で取り上げるイブン・カイイム・アルジャウズィーヤもこの流れに入るが、彼の著作は上記の『天国の状態』の二書も参照しつつ執筆されて、他のどれよりも包括的かつ詳細な記述が特徴となっている。また今日も本テーマに関しては、一番広くアラブ世界で読まれている古典と言えよう。以下、この著者とその著書を紹介する。

（2）イブン・カイイム・アルジャウズィーヤについて

イブン・カイイム・アルジャウズィーヤ（西暦一二九二―一三五〇年、ヒジュラ暦六九一―七五一年）はイスラーム法学・神学者で、原典主義で知られるイブン・タイミーヤの一番弟子としてもよく知られている。ダマスカスのイスラーム学者の家に生まれ、完名はシャムス・アッディーン・アブー・アブドゥッラー・ムハンマド・ブン・アビー・

バクル・ブン・アイユーブ・ブン・サアド・ブン・ハリーズ・アッズルイー（ズルウは出身の村名）。通称がイブン・カイイム・アルジャウズィーヤである。

　彼が礼拝にあまりに長い時間をかけるので、それを批判する人たちも出てきたほどであったが、彼は一向に意に介せず自分流を貫き通したとされる。早朝の礼拝を終えるころには、すでに日も高く上っていた。また幾度もマッカへ巡礼し、カアバ聖殿のまわりでの回礼（タワーフ）も何回も行ったので、土地の人も驚いたと、歴史家イブン・カスィールは記述している。

　イスラームの浄化を進めんとして、パレスチナの地で預言者イブラーヒームなどの墓参停止を説き、自らは預言者ムハンマドの墓参も辞退して、師匠同様、幾度もダマスカスで投獄されたり、ラクダやロバに乗せられて市中引き回しにあったりした。ヒジュラ暦七一二年、イブン・タイミーヤの死去後釈放されたが、その後も師匠の法勧告をめぐって官憲に追われた。しかし彼が七五一年にダマスカスで亡くなると、その中心にあるアルマスジド・アルウマウィーでの葬儀には、高官も含めて裁判官、名士、信者など多数の参列者が集まったという。

彼の著作は一〇〇近くに上るが、祖法重視の現代のサラフィー主義者に思想的基盤を提供しており、そのほとんどすべては校訂・出版されて広く流布している。扱った分野は広範に及ぶが、主な著書としては次のとおりである。
『クルアーン解説』、『シャリーアに則る政治の賢明な道』、『業火の民を統べる真っ直ぐな途』、『治癒する薬について尋ねる人への十分な回答』、『礼拝を遠ざける人の裁き』、『万有の主における主要な署名者たち』(法源論でイジュティハードを強調)、『僕の幸へ導く来世の糧』(預言者伝)、『アッラーの美称』、『数人の忍耐する者と多数の感謝する者』、『服従する者と助けを求める者の間の段階における修行者の階梯』(スーフィズム解説)、『喜びの国への魂の導き』(天国論)、『霊魂』、『イブリースの虚偽』、『善言の豪雨』、『功徳の功徳』、また変わったところでは『ヌーンの韻を踏む詩』(信仰賛歌)など。

また彼の全著作を体系的に解説した、ムハンマド・ウワイス・アンナダウィー『イブン・カイイム・アルジャウズィーヤの貴重な(カイイム)解説書』がある他、著作全集はCDでも出されている。

（3）『喜びの国への魂の導き』について

天国案内とでも言うべきこの書を、著者イブン・カイイム・アルジャウズィーヤは、「慣行（スンナ）に従う人々にとってアッラーが天国に用意されたものについての良い知らせとなるように願って著した」とする。また、「悲しむ人の慰めとなり、花嫁を望む者にとって良き結びの夜となり、定められた期限まで心臓を動かし、神聖な天使の傍に魂がいることができるために編んだ」としている。主たる源泉はクルアーンと預言者伝承であることは当然ながら、上述のように同じテーマで書かれた他の先達の文献も参照している。そしてその著述において、「正しいことは、唯一で与えることしきりのアッラーに由来して、他方間違ったことは、自分とシャイターンから来たものである」としている。

その原本である手写本は、ダマスカスのザーヒリーヤ図書館にある文書（番号第八四六八号で一〇二枚の用紙からなる）である。写本者の名前は、イブラーヒーム・ブン・ムヒー・アッディーン・ブン・アフマド・ブン・アッダウィークとある。校訂本としてはいくつか出されている。まず校訂・注釈を一九九〇年と二〇〇二年の二度にわたって行ったバシール・ムハンマド・ウユーンがダマスカスのダール・アルバヤーン社から出版したものがある。丁寧な基礎作業を踏まえて出版されたものであり、今回の本書の訳注作業で用いた。本書の以下の記述においては、これを「校訂本」として言及する。さらに筆者の座右にあるのは、ハリール・シャイハーのもの（ベイルート、二〇〇六年、ダール・アルキターブ・アルアラビー社）だが、これは自ら校訂作業はしないで、すでに出されている校訂本を比較検討してまとめている。これは本書の訳注作業にはほとんど用いていない。またカイロ版もある（二〇〇二年、ダール・アルファジュル・リットゥラース社）。

ダマスカスで校訂された原本は、以下のとおり全体で五部七〇章に分かれている。

1　天国の構造（一－二四）・種類、門の数、大きさ、鍵など。

2　天国入りの様子（二五－四一）・天国に入る人々の様、入る時に受け取るもの、家や妻のことなど。

３　天国の様子（四二－四七）・天国の香り、樹木、庭、影、果実、川、泉など。

４　天国の快楽（四八－六八）・飲食物、食器、衣類、家具、装飾品、天幕、寝台、召使、僕、婦人、目の大きな女性たち、市場、最高の快楽（アッラーの尊顔を仰ぎ、話をし、挨拶してもらうこと）。

５　天国へ資格ある人（六九－七〇）・天国と地獄の理由と資格ある人たち（信仰と敬虔さ、スンナに則りアッラーのために行動を取ることという三カ条、あるいはアッラーへの帰依に徹することとその被創造者への善行という二カ条）

前記のバシール・ムハンマド・ウユーンの校訂本は、アラブ・サイズのほぼＢ５版に細字で印刷されて、約四〇〇ページに上っている。これはアラビア語の古典文献としてはむしろコンパクトなほうである。しかし日本語への訳注をするとなると、優に一〇〇〇ページ以上の大部なものになると思われる。それでもそれが微に入り細をうがっての研究書ならば意に介すべきではないだろう。ところがそれを通読の用に供するとすれば、一つのテーマとしてはやはりかなり肩の荷が重く、天国に行く前に頭痛がしてきそうでもある。実際、そこまでの詳細は一般の知識と理解には必要ないであろう。

（４）同書の摘訳について

このように原本は短くない一方で、読者の人気と要望が強いのであろう、その簡略本もアラビア語で複数出版されている。シャハータ・ザーイド『喜びの国への魂の導き・簡略本』カイロ、一九九二年（アルムフタール・アルイスラーミー社）。これの判型もやはりアラブ・サイズのほぼＢ５版だが、中字で約七〇ページにまとめている。一部は原文のまま、一部は要約、一部は省略されている。どの校訂本から簡略な形にまとめたのかは記されていないが、引用文で比較すると上記のバシール・ムハンマド・ウユーンのものに大半は依拠していると推定される。次いではアブー・スハイブ・アルカラミー『喜びの国への魂の導き』リヤード、出版年不明（バイト・アルアフカール・アルドワリーヤ社）。これは縦七センチ、横五センチほどのポケット版である。これは今回の訳注作業には実質上ほとんど用いていない。

以上のような状況を踏まえて、本書執筆にあたっては、上記のシャハータ・ザーイドの簡略本を参照しつつ、前述のバシール・ムハンマド・ウユーン校訂本の重要と思われる部分を訳出することとした。訳者が自らの言葉でまとめる要約ではなく、主要個所を選んで摘出し、そのままを翻訳しつつ全体像を浮かび上がらせる、摘訳と言われる方法である。この仕方のほうが要約よりもはるかに原文のもつ雰囲気や調子をそのまま伝えることができる。さらに各種参考情報を、注として随所に挿入した。

こうして通読に難を少なくしつつ、もともと盛り込まれている魅力的な要素をすべて吸収し、なおかつ本来のイスラーム文献のもつ独特の文章の調子や味わいも維持するように努めたのである。

注

（1）本書参考2「クルアーンにおける天国」参照。

（2）『日訳サヒーフ　ムスリム』日本ムスリム協会、一九八七－一九八九年、全三巻、第三巻、七〇〇－七二六ページ「天国の書」。

（3）『ハディース（アルブハーリー）』中央公論社、一九九三－一九九四年、全三巻、中巻一四〇－一六五ページ「創造の初め」。

3

『喜びの国への魂の導き』摘訳

序言

僕である信者のための住処として天国を創られたアッラーに称えあれ。アッラーは信者たちが天国に導く善行を専一にするのを容易にされた。またその道を簡単にたどれるようにもされた。信者よりも先に天国を作られたし、彼らを（この世に）創造するより先にそこに住まわせられたのである。[1] アッラーは彼らの周りを苦労で囲まれて、信者を試練の館に追いやられたが、それは誰が善行を積むかを試すためであった。そして最後の日までを有限な生涯の期間とされた。

そこにはまだ目で見たことのないもの、耳で聞いたことのないもの、あるいは人の心に浮かんだことのないものが配置された。[2] アッラーがそれを明澄にされたのは、普通の視力より鋭く見られるようにするためである。また最善の人である預言者と使徒の口から発せられる吉報を伝えられた。こうして信者はそこに永劫に住まい、それに代わるものは望まないのである。

アッラー以外に神はなくそれに並ぶものもないことを、その僕として、またその僕の息子として、またその共同体の息子として、私は証言する。僕はアッラーの功徳と慈悲を一瞬も欠くことができないし、アッラーの許可と赦しがなければ天国行きの勝利と地獄の業火から逃れる望みもないのだ。さらにムハンマドはアッラーの僕であり使徒でありさらに天啓を託された人であり、創造された最善の人であることも証言する。彼は文字どおり世界への慈悲であり模範であり、修行者の拠り所、あるいは全信者の頼みの綱として遣わされたのであった。

また彼は信仰への呼びかけ人であり、平和の館への唱導者であり、後世の指導者への導きでもある。その使命は啓典を読み、アッラーに嘉されるために励み努め、慣行に従った行いを人々に命じ、悪い行いを拒絶するためである。

アッラーに成功させていただいた人たちは、自分たちが創造された目的を知ったとき頭をもたげた。そして彼らのために、天国の旗が掲げられているのを見て、準備を始めた。真っ直ぐな道は明らかとなり、彼らはそれに対して正面を向いた。そこはとても信じられないことだらけで、まだ目で見たことのないもの、耳で聞いたことのないもの、あるいは人の心に浮かんだことのないものを目にするのであった。[3]

ところでこの書物は、集めて整理して部や章に分けるのに苦労した。それは悲しむ人への慰めであり、花嫁を望む者にとって良き結びの夜となり、定められた期限まで心臓を動かし、神聖な天使の傍に魂を導くためのものである。この書は、読む者に興味を湧かせて楽しいもので、座るのを苦とせず親しんで飽きさせないのである。そして読むと信仰は増して、天国は目の当たりにするように明瞭になるのである。その人は静かに天国の楽園に入ることを決心し、そこの館でめでたい生活をすべく高い士気を発散させる。

そこで私はこの書を「喜びの国への魂の導き」と命名した。それは内容を忠実に反映しているし、言葉と意味内容は合致している。アッラーは私の意図、および著述によって望んだことをご存知である。意図したことの要点は、慣行（スンナ）に従う人々にとってアッラーが天国に用意されたものについての良い知らせとなるということである。そういう人たちはこの世とあの世の双方で良い知らせを受け、また見えても見えなくてもアッラーの恵みを授かるのに価するのである。彼らは預言者とその一群の後継者であり、慣行が勝利するとき非難する者はいない。預言者の言葉として人が伝えた真正なものは、けっして放り出さない。法律的な見解、論議を呼ぶ研究、スーフィズムの幻想、神学的な矛盾、哲学的な援用あるいは政治的な知恵として出されたものよりも、彼らにとっては慣行こそが偉大なのである。

　本書を読む人よ、あなたには収穫があり、著者には科罰がある。あなたには清純さがあり、著者には穢れがある。本書において正しいことは唯一で与えることしきりのアッラーに由来して、他方間違ったことは自分とシャイターンから来たものであり、アッラーとその預言者は責められない。[4] 崇高なアッラーにお願いしたいのは、本書をその尊顔にもっぱら向いているようにし、その著者と読者が恵みの天国に近づき、本書がアッラーへの論拠となり、それを手にする者を益するようにということである。アッラーこそは最善の責任者であり、最も高貴な希望の主、尊崇の主である。アッラーこそは、この上なく素晴らしい。

注（1）（　）内に入っている斜体字部分は、訳注者自身の注釈。以下同様。

（2）傍線は訳注者。天国を語る時に最もしばしば引用される表現であるが、天国はこの世の言葉では言い尽くせないものであることを端的に物語っている。『日訳サヒーフ　ムスリム』

第三巻、六九九－七〇〇ページ。『ハディース』中巻、一五二－一五三ページ。
（3）この後、校訂本では天国の快楽についての詩が挿入されている。その詩は、至福、アッラーの尊顔を拝すること、目が大きい美人、主が話しかけられること、などのテーマに分かれている。「アッラーの尊顔を拝すること」の部分は次のとおり。「目はアッラーの尊顔を拝する、それを覆う不正なものはない、目はそうすることを嫌がらない、その一瞥は見る者の顔に生気を与え、その後に魅せられて愛する人が和らいでくる。」校訂本、一三ページ。
（4）校訂本には、この後に全七〇章の章名一覧が掲載されている。本書参考1「『喜びの国への魂の導き』原文目次」を参照のこと。

第1部

1　今すでに天国のあること(1)

〈天国の創造〉(2)

先達は、天国も地獄も創造されたものだと信じると言う。そして預言者伝承重視の人たちは、全員見解が一致している。アブー・ハサン・アルアシュアリーは次のように言っている。[3]「伝承重視の人たちや慣行に拠る人たちが一致して言うのには、アッラー、天使、啓典、預言者たちに従い、またアッラーから来たもの、それと預言者（アッラーの祝福と平安あれ）の言葉として信用できるものに従うのが一番である。至高のアッラーは唯一で永久であり、配偶者も子供もない。そしてムハンマドはその僕であり使徒である。天国が真実であれば地獄も真実であり、疑いもなく最後の日はやってくるし、アッラーは墓の中の人たちを復活される。」

先達はアッラーの定めた運命――それが良くても悪くても、また甘くても辛くても――を信じており、物事をアッラーに帰着させて、常にアッラーを必要とすること、ならびにどのような状態でもアッラーを求めていることを確認している。

使徒（祝福を）の（アッラーへの）仲介を確信し、共同体の中で大きな罪を犯した人さえも執り成しをしてもらえると確信している。また信仰は言葉と行動であり、増減するということを知っている。さらに彼らは預言者（祝福を）に同行するようにアッラーが選択された先達の正しさを知っていて、その美徳を習得する。アブー・バクル、次いでウマル、それからウスマーン、そしてアリーの順序で、正統な指導的後継者であると考えている。先達らは啓典と慣行を行動規範として、クルアーンの次の教えに従っている。「あなたがたは何事についても異論があれば、アッラーと終末の日を信じるのなら、これをアッラーとその使徒に委ねなさい。」（婦人章四・五九）

また彼らは天国と地獄は両方とも創造されたと確信し、亡くなった人はその定められた期間をもって亡くなったこと、糧はアッラーの手中にあること、シャイターンは人にささやいて疑念を抱かせ、そして失敗させるであろうことも確信している。

アッラーが定めたことには忍耐強くし、命じられれば従い、禁じられれば止める。また行動において預言者伝承の教えに背かず、大罪を避け、良い行いに努め、傷害を忌避し、隠しごとや誹謗をしないのが適切だと考えている。以上は要するに、天国と地獄は両方とも創造されたという慣行と伝承を重視する人たちの信念である。

〈預言者ムハンマドと天国〉

クルアーンに言う。「本当にかれ（ムハンマド）は、再度の降下においても、かれ（ジブリール）を見たのである。（誰も越せない）涯にある、スィドラ木の傍で。そのそばに終《つい》の住まいの楽園がある。」（星章五三・一三－一五）

このように預言者（祝福を）は、スィドラ木を見て、その傍に終の住まいの楽園があるのを見たのであった。（預言者のエルサレムへの）夜の旅についてのアナス・ブン・マーリクの伝える預言者伝承を『二真正伝承集』で見ると、次のようにある。[4]「最後にジブリールはわたしを天の果てのえもいわれぬ様々な色で覆われたシドラの木のところまで連れて行き、遂にわたしは天国に入ったが、そこには真珠をちりばめたドームがあり、その地面は麝香でできていた。[5]」

『アルムスナド』（アフマド・ハンバル著）やアルハーキムあるいはイブン・ハッバーン（『サヒーフ』）[6]らが伝えているのを見ると、アルバッラー・ブン・アーズィブからの預言者伝承に次のようにある。[7]「（アルマディーナの）支持者であった男の葬儀に預言者（祝福を）と共に参列した際、その男の英雄ぶりを称えられて言われた中に、次のような言葉があった。『天からの声が聞こえた。私の僕は誠実であった、彼を天から覆い、彼に服を与え、天国への門を開けよ、と。そうしたら、天国の清涼さと薫香が彼の下にやってきた。』」

またアナスの預言者伝承を『二真正伝承集』で見ると、次のようにある。

「預言者（祝福を）は次のように言われた。死者が墓に入れられ、その友達が立ち去り、まだ靴音が聞こえている時、二人の天使が死者の下に来て彼を座らせ、彼に『この人ムハンマドのことを汝は何と言っていたか』と尋ねる。そこで彼が真の信仰者で、『私はムハンマドがアッラーの僕、そして使徒であることを証言します』と答えると、天使は『見よ、これが、汝が地獄で座ることになる場所だ。しかしアッラーはその代わりに、天国の座る場所を汝に与えられた』と言い、彼は両方の場所をはっきりと見る。[8]」

『二真正伝承集』には、アブドゥッラー・ブン・アッバースから伝えられるものとして、次の預言者伝承がある。「使徒（祝福を）の時代に日蝕があった時のこと、次のように言われた。『日と月はアッラーの印であり、日蝕や月蝕は人が生まれたり死んだりしたために起こるのではない。もし汝らがそれを見たときはアッラーの御名を唱えよ。』それから信徒たちが、アッラーの使徒よ、私たちはあなたがその場所で何かを掴もうとし、その後でしり込みされるのを見ましたが、と言うと、彼は『ここで私は天国を目の当たりに見たので、その果物の房を摑もうとしたのだ。もし私がそれを取ったならば、汝らはこの世が続く限りその実を食べるであろうに。』」[9]

またアブドゥッラー・ブン・ウマルからの次の預言者伝承が、アフマド・ハンバル著『アルムスナド』、アブー・ダーウードおよびアンナサーイーらの伝承集にある。

「もし天国に近づけるなら、私は自分の手を伸ばしてそこの果物を取るだろう。」

カアブ・ブン・マーリクの伝える伝承が、イブン・マーリク著『アルムワッタゥ』などに、次のようにある。「使徒（祝福を）は言われた。『信徒の魂は、アッラーが復活の日に肉体へ戻されるまでは天国の樹木に止まっている鳥のようなものだ。』」

この言葉は、復活の日の前に霊魂が天国に入ることについての事実を伝えている。カアブ・ブン・マーリクの同様の伝承に、次のものがある。「殉教者の魂は、天国の果実、あるいは天国の樹木に止まっている、緑色の鳥の格好をしている。」

伝承継承者が伝え、それをアッティルミズィーが真正を証明し、ムスリム著『サヒーフ』にもある、アブー・フライラからの次の伝承に言う。

「使徒（祝福を）は言われた。『天国と地獄をアッラーが創造された時、天使ジブリールを天国に派遣された。そして言われた、天国に行ってその様子を見て、またそこの人たちのためにわたしが創ったものを見てくるようにと。そこでジブリールは行ってその様子とそこの人たちに創られたものを見てから帰って来て言った。荘厳なお方よ、そこへ入らないものはないと聞きました。』[10]」

アルブハーリー（『サヒーフ』）はアナスからの預言者伝承を伝えている。

「私が天国を行くと、そこに川が流れていた。そしてその両側には空洞の真珠のドームがあった。そこで天使のジブリールにその川は何かと尋ねた。彼は言った。あなたの主が与えられたカウサルという川です。それから彼がその手で叩くと、その土壌は香りの良い麝香であった。[11]」

ムスリムの伝承集には、ジャービル・ブン・アブドゥッラーが伝える預言者伝承として次のものがある。「預言者（祝福あれ）が次のように語られるのを聞いたことがある。『（夢で）私が天国に入り、そこで私はある宮殿または城を見た。私は〝これは誰のものですか？〟と尋ねた。すると彼ら（天使達）は〝それはウマルのものです〟と答えた。そして彼（預言者）は（ウマルに向かって）〝私はそのときそこに入りたく思いました。

しかし私はあなたの嫉妬を考えました〟と言った。するとウマルはそれを聞き、涙を流して次のように言った。アッラーの使徒よ、私があなたに関して嫉妬することができましょうか?』」[12]

以上いろいろ上げたもろもろのクルアーンや預言者伝承の言説は、天国は創造されて、今現在、存在することを立証している。またアーダムが天国に入ってそこで木の果実を食べて追い出されたという話や、その証拠も明白である。

補足　アーダムの居た所

校訂本の第二章から第六章までは、アーダムが最初にいた天国というのは、永久の天国なのかそれとも地上の上のほうに創られたものなのか、という議論に関するものである。イブン・カイイム・アルジャウズィーヤ自身の見方や立場の表明はしないで、両説を公平に展開させている。これはアーダムに関する議論であり天国論そのものではないにしても、興味がもたれるので、以下にその概要を紹介する。[13]

第二章

見解は二つに分かれる。永久の天国であったとするものと、そうではなくて地上の高いところに別に創られていたとする二つである。さらに後者には、七層の天空であったとするものと、地上そのものであったとする二つに細分される。永久の天国、あるいは七層の天空から追放された後、アーダムが地上に足を下ろした地点はインドの東方面であったという。地上に設けられたとする説では、天国のために地上に四つの拠点を設けられたが、それらはサイハーン（サルス）河、ジャイハーン（ビラムス）河、ティグリス河とユーフラテス河であったとする。あるいは地上のアーダムのエデンの園（アラビア語ではアドン）はアラビア半島西南端イエメンのアデンの町であったとする見方もある。

第三章

　永久の天国であるという見方のクルアーン上の論拠として、次のものが挙げられる。「あなたがたは落ちて行け。」（雌牛章二・三六）とあるのは、地上ではないからである。「ここでは、あなたがたのために、飢えもなく、裸になることもない。また渇きを覚えることもなく、太陽の暑さにも晒されない。」（ター・ハー章二〇・一一八、一一九）と言うところは、とてもこの世とはかけ離れている事情を述べている。

第四章

　地上の天国であったという見方のクルアーン上の論拠は次のとおり。「そこでは疲れ倦むことなく、また（永遠に）そこから追われることもない。」（アル・ヒジュル章一五・四八）とあり、そこは試されることもない永住の地なのである。またシャイターンの誘惑もないところなのである。イブリースは最悪のシャイターン、最悪の不信者なのであって、天国入りはまかりならないはずである。アーダムは地上で創造され、その後で天上の国へ連れて行かれたのであったならばそれは大変なアッラーの恵みとして、必ずやクルアーンにその旨の啓示があるであろうが、それが見当たらないのも彼の住まいは地上であったということの傍証になる。「本当にわれは、地上に代理者を置くであろう。」（雌牛章二・三〇）ともクルアーンにある。

第五章

最初の天国説への反論。落ちる、とは高いところから低いほうへの移動であり、そのこと自体が天から落ちると言っているわけではない。またこの世とかけ離れた感覚の事柄は、この世にも種々存在する。たとえば表現上も、永久の男、と言えば相当高齢の人を指すし、岩石も古いものを、永劫の岩、という言い方がある。

第六章

二つ目の地上説への反論。天国に入るのには二通りある。復活の日に永久に入る場合と、暫定的に入る場合である。後者としては預言者（祝福あれ）の夜の旅の際に、天上に上った例がある。信者や殉教者の魂が待機しているバルザフもここにある。アーダムも第七層に居るのでこの例に属する。[14] 同様に天国には嘘も悲しみもないというのは、復活の日に永久に入る場合である。また果実を食べてはならないといった禁止令や義務もないということについても同様で、暫定的な入り方の場合、それは当たらない。

注

（1）本章は、校訂本第一章の摘訳。

（2）〈小見出し〉は通読の便宜のために訳注者が入れた。

（3）正統派の太宗となったアシュアリー神学の祖で、ヒジュラ暦二六〇－三二四年。当該個所はその著書『イスラーム信徒の諸説』から引用。別に『宗教原論の解説』などを著した。

（4）以下にも多数言及される主な預言者伝承集や収集者の一覧は、本書参考３「預言者伝承集一覧」を参照。

(5)『日訳サヒーフ　ムスリム』第一巻、一一三七ページ。『ハディース』上巻、一一七ページ、下巻、一七三、三三〇ページ。

(6) 初めの『アルムスナド』については本書参考3参照。アルハーキムの著書は通常『アルムスタドゥリク』と呼ばれるが、『二真正伝承集』を補う内容。彼はニシャープールの人で通称はイブン・アルバイウ、ヒジュラ暦四〇五年没。イブン・ハッバーンはシジスターンの人、ヒジュラ暦三五四年没で、預言者伝承集『サヒーフ』などを著した。

(7) 預言者ムハンマドの言行を伝える最初の人の氏名が記される。原文ではその一人一人の説明はないし、本書でもこの点の解説は一括して行わない方針とした。

(8)『日訳サヒーフ　ムスリム』第三巻、七二〇ページ。『ハディース』上巻、三六七ページ。

(9)『日訳サヒーフ　ムスリム』第二巻、六九－七〇ページ。『ハディース』上巻、二八八ページ。

(10) 多数の伝承集にあり真正であるが、ムスリム『サヒーフ』には入っていない。校訂本、二九ページ、注一。

(11)『ハディース』中巻、六八五ページ。

(12)『日訳サヒーフ　ムスリム』第三巻、三八九ページ。『ハディース』下巻、二六八ページ。

(13) 校訂本、三二－五二ページ。

(14) ここでは第七層も天上の国とされて、上の第二章にあったように地上の国の一つとは数えられていない。

2　天国はまだ創造されていないとの主張について[1]

もし今天国が創造されているのであれば、それも復活の日に滅んでしまうのではないかと言う人たちがいる。その日にはすべての存在が破壊されて、死滅するからである。

クルアーンに言う。

「かれの御顔の外凡てのものは消滅する。」（物語章二八・八八）

「誰でも皆死を味わうのである。」（イムラーン家章三・一八五）

天国にいる目の大きな美しい女性も、永遠の少年たちも死ぬことになるのである。

他方でアッラーは、天国は永劫の館であり、そこにいるものはすべて永存して死滅しないとされている。

アッティルミズィーはその伝承集において、イブン・マスウードの伝えた伝承を挙げている。それによると預言者（祝福を）は言われた。「夜の旅をした時、イブラーヒームに会ったが、彼は言った。『ムハンマドよ、人々に私からの挨拶、アッサラーム、を伝えておいて下さい。そして天国の土壌は肥えて水は甘く平らな土地で、そこの挨拶は、アッラーに最大の称賛あれ、アッラーに称えを、アッラー以外に神はなく、アッラーは偉大なり、である、と。』」

同じ伝承集にあるが、アブー・アッズバイルがジャービルから聞いたところによると、預言者（祝福を）は次のように言われた。

「アッラーに最大の称賛あれと言い、アッラーを称える人には、天国にナツメヤシの木が一本植樹される。」

もし天国が樹木もないかたちで創られているとしても、（死滅させられるならば）ナツメヤシの植樹も意味がなくなる。

フィルアウン（エジプトの不信の支配者）の妻に関してクルアーンに言う。「主よ、楽園の中のあなたの御側に、わたしのために家をお建て下さい。」（禁止章六六・一一）自分のために家を建ててほしいなどとは、（天国が滅びるのならば）誰も言わないだろう。

さらに明らかなのは、次の預言者伝承である。「アッラーのためにマスジドを建立した人には、天国でその人のためにアッラーが家を建てるであろう。」

この伝承の真正なことに異論はない。[2] この文章は条件と報いからなっており、条件が満たされればその報いがあるという順序である。また天使たちが植樹をし、建設するとされる。しかしそれは僕がすることをすればということであって、もしサボっていれば天使もすべきことをしないということになる。

イブン・ナーフィウが伝えた伝承について、預言者伝承については著名なイブン・ムズィーンが解説しつつ、次のように言及している。[3]

「(イブン・ムズィーンは)天国は創造されているのですかと尋ねられたのに対して答えた。『それについては口を閉ざすのが良い。アッラーが一番良くご存知だ。』」

注(1) 本章は校訂本第七章の摘訳。

(2) 『日訳サヒーフ　ムスリム』第一巻、三六一ページ。『ハディース』上巻、一四一ページ。

(3) ヤハヤー・ブン・イブラーヒーム・ブン・アルムズィーン・アブー・ザカリーヤーはコルトゥーバーの人、ヒジュラ暦二五九年没。クルアーン解説やイブン・マーリクの伝承集『アルムワッタゥ』の解説などを著した。

3　それに対する答え[1]

応答をするのに、次の質問から始めたい。天国はまだ創造されていないということで、何を意味しようとしているのか、ということである。まだ存在していないということであるのか？　もしそうならば、それは先達や伝承重視の人たちが誰も言っていないことであり、間違いである。

あるいは、その意図は、天国は未完成であり、人々にアッラーが用意されるものがすべては揃っていない、そしてアッラーはこれからも徐々に進められると言うのであろうか？　後者であれば、そうかもしれないし、それに反駁はできない。

種々の証左は後者が正しいことを示している。イブン・マスウードやアブー・アッズバイルの伝える真正な伝承によると、大地は創造されて、アッラーを称賛する言葉によってその大地に（ナツメヤシが）植えられ、また僕の行いによって家が建てられ、僕の篤信な行為が拡張されれば、それだけ彼にとって天国は広くなる。

他方、「かれの御顔の外凡てのものは消滅する。」（物語章二八・八八）というクルアーンの言葉でもって天国はまだ存在しないと反論する人は、よくその言葉を理解していないと言わざるをえない。

アルブハーリーの伝承集には、「かれの御顔の外凡てのものは消滅する。」に関して、それは主権以外であり、また御顔に助けを求めると預言者が言われたといった趣旨が出ている。[2]

イマーム・アフマド・ブン・ハンバルはその息子イブン・アブドゥッラーの物語の中で、次のように伝えている。「天空（サマーゥ）と地上（アルド）は、そこの人たちが天国と地獄に行ったらそこで消滅してしまう。しかし玉座は天国の天井であり至高のアッラーが居られる所であるので、破滅したり死滅したり消滅したりしない。」

「かれの御顔の外凡てのものは消滅する。」という啓示の言葉は、次の啓示が降りた時のものである。「地上にある万物は消滅する。」（慈悲あまねく御方章五五・二六）

天使たちは地上の人たちの破滅を説いたが、彼らは生存を望んだ。そこでアッラーは天空の住民たる天使と地上の人間への教えとして、いずれもが死滅することを知らされたのだ。つまり、アッラーの御顔は生きて死なないが、それ以外は消滅するとされたのだ。

一方、天国と地獄については、存続のためであり消滅のためではない。それらはあの世の事柄であり、この世の事柄ではない。目の大きな美人も最後の日に死滅することはないし、魂をアッラーに吹き込まれる時にも亡くなることはない。永劫に、である。荘厳で至高のアッラーが彼女らを創られたのは、存続のためであり、彼女らには死亡という一言は書かれなかったのである。

イマーム・アフマド・ブン・ハンバルは天国と地獄は創造されている、として次の預言者伝承を挙げている。「預言者（祝福を）は言われた。『天国に入った時のことである。そこに宮殿、[3]』、『カウサルの川を見た。[4]』、『他方、火の中を覗いたら、そこの大半の人たちは、云々、云々。[5]』」

だからそれらが創造されていないと言うのは、アッラーの使徒とクルアーンを嘘つき呼ばわりしていることになり、天国と地獄について信じていないことにもなる。

また（同様の趣旨だが）別の話によると、それらが創造されていないと言う人は、クルアーンと預言者伝承を虚偽であるとして、天国と地獄を信じているとは見なせないとしているのである。[6]

注
（1）本章は校訂本第八章の摘訳。
（2）『ハディース』下巻、三五八－三五九ページ。
（3）『日訳サヒーフ　ムスリム』第三巻、三八九ページ。
（4）『ハディース』中巻、六八五ページ。
（5）『日訳サヒーフ　ムスリム』第三巻、六二七ページ。
（6）校訂本にはこの後に「あまりに大部の書物になるのを避けるためにさまざまな議論を簡略にして述べた」と説明がしてあるのは興味深い。イブン・カイイム・アルジャウズィーヤの頃より、通読のためには簡潔を心していたということであるが、それでも現在比較すると相当大部になっているのは、やはり時代の変化を物語っている。

4　天国の門の数と大きさについて[1]

天国には門があることについては、クルアーンの次の言葉がある。「またかれらの主を畏れたものは、集団をなして楽園に駆られる。かれらがそこに到着した時、楽園の諸門は開かれる。そしてその門番は、『あなたがたに平安あれ、あなたがたは立派であっ

た。ここにお入りなさい。永遠の住まいです。』と言う。」（集団章三九・七三）

さらに次の言葉もある。「（それは）永遠の楽園であり、その凡ての門はかれらのために開かれる。その中でかれらは（安楽に寝床に）寄りかかり、沢山の果物や飲み物が、望み放題である。」（サード章三八・五〇、五一）

〈門の数〉

クルアーンでは天国の門の数については何も触れられていない。しかし預言者伝承にはその数が出ているところがある。アブー・フライラ（アッラーの嘉しあれ）から伝えられて、アッズフリーが残した預言者伝承として、次のものが『二真正伝承集』にある。「アッラーのみ使いは『アッラーの道のために一対一のものを捧げた者は〝おおアッラーの下僕よ〟と呼ばれて天国に招き入れられる。これは素晴らしいことである。また礼拝を規則正しく行っている家族の者は礼拝の門から招き入れられる。聖戦に参加した家族の者は聖戦の門から招き入れられる。サダカを行っている家族の者はサダカの門から招き入れられる。断食を行っている家族の者はライヤーン（喉のうるおっている意）の門から招き入れられる』と申された。

アブー・バクル・アッスッディークは『アッラーのみ使いよ、人はどうしてもそれらの門の一つから呼ばれて入らねばならないのでしょうか。人はそれらの門だけから入るのでしょうか』と尋ねた。アッラーのみ使いは『その通り、私はあなたがたがその人々の一人であるよう願っている』と申された。[2]」

『二真正伝承集』にはまた、サフル・ブン・サアドから伝えられて、アブー・ハーズィムが残した預言者伝承に次のものがある。「天国には八個の門があり、そのうち一個はライヤーンと呼ばれるが、ここからは断食をした者以外は入れない。[3]」

ウマル・ブン・アルハッターブ（アッラーの嘉しあれ）が伝える預言者伝承に次のものがある。

「あなた方のうちだれでも洗浄（ウドゥー）をきちんと終えてから『アッラーの他に神はなく、ムハンマドはアッラーの僕であり、み使いである』と証言する者に対して天国の八個の門は開かれ、どれでも好きな門からそこに入ることができるだろう。[4]」

またアナスの伝えたところとしてイマーム・アフマドが上げるのは次のものである。

「ウドゥーをちゃんとしてから、三回、『アッラーの他に神はなく、かれに並び立つものはなく、ムハンマドはアッラーの僕であり、み使いである』と証言するものに対して、天国の八個の門は開かれ、どれでも好きな門からそこに入ることができるだろう。」

イブン・マージャがウトゥーバー・ブン・アブドゥッラー・アッサルミーから伝えている預言者伝承に言う。「預言者が次のように言われるのを聞いたことがある。『無辜の三人の子供を亡くしたムスリムは、天国の八個の門のうち好きなところで彼らに会うであろう』と。」

〈門の大きさ〉

他方、門の大きさについては、アブー・フライラの伝えた伝承で、真正とされているものに次のものがある。[5]「アッラーのみ使いの前に、パン切れ入りスープの木皿と肉が置かれた。アッラーのみ使いは、最もお好きな羊の前脚をお取りになり、その一片を食べながらこう言われた。『復活の日、私は人類の先導者となることだろう』と言われたが、教友らがこの言葉について彼に何も質問しないのを見て『あなた方は、どうしてそうなるのかと質問しないのですか』と言われた。それで人々は初めて、『み使い様、どうしてそうなるのですか』と尋ねたのでした。ともあれ、これに対しみ使いは、こうお答えになった。『人々はその日、全宇宙の主の前に立たされるだろう。』その時宣言者の声が聞こえて、ある視力が彼らを凡て見通すだろう。」

その後この伝承では、預言者（祝福を）によるアッラーへの仲介について長々とした話が挿入されている。その最後に次のようにある。「それで私は主の下に出かけて、玉座の下に来て、主の前にひれ伏すのであるが、この折主は私に、私以前の者には誰にも立たせず、また今後も誰にも立たせない所に立処を与えられる。それで私が『主よ、私の民をお助けください、私の民をお助けください』と申し上げると、主は『ムハンマドよ、天国のもろもろの門のうち右の門から、おまえの民で罪を犯さなかった者を入れなさい。彼らはこれ以外の門から入ってきた者らと一緒になることだろう』と仰せになるだろう。この後、み使いは、『私ムハンマドは、主に誓って申し上げますが、天国にある門の両側の支柱間の距離はマッカとハジャル、もしくは、ハジャルとマッカ間の距離と同じほどです。』」この最後の部分は、「両支柱間の距離は四〇年の道のり」とする伝承もある。[6]

サーリム・ブン・アブドゥッラーがその父親から聞いたとして、アブー・ナイームが預言者（祝福を）の言葉として伝えているのは次のとおりである。

「天国に入る人々の通る門は、優れた乗り手が三日間かかるほどの距離です。それでも門のところでは人々は込み合っており、肩が押しつぶされるほどです。[7]」

この伝承はまた次のアブー・フライラが伝えている異論のない伝承とも合致している。

「天国にある門の両側の支柱間の距離は、マッカとサナア、あるいはマッカとバスラ間の距離ほどもあるのです。[8]」最優秀の乗り手が素早いラクダに日夜をかけて乗ると、それくらいの距離をそれくらいの時間で乗り切ることになるのである。

注（1）本章は校訂本第九章、第一〇章の摘訳。

（2）『日訳サヒーフ　ムスリム』第二巻、一四五－一四六ページ、『ハディース』中巻、二六七ページ。

（3）『日訳サヒーフ　ムスリム』第二巻、二三〇ページ、『ハディース』中巻、一五四ページ。

（4）『日訳サヒーフ　ムスリム』第一巻、一九三ページ。

（5）『日訳サヒーフ　ムスリム』第一巻、一六五－一六九ページ。

（6）『日訳サヒーフ　ムスリム』第三巻、七九一ページ、アフマド伝承集、一一二三九、二〇〇四五、アブー・アッドゥンヤー、前掲書、二二三、イブン・ハッバーン伝承集、二六一八。

（7）アブー・ナイーム、前掲書、一七九。

（8）『ハディース』中巻、五八七ページ。

5　門の様子とその取っ手並びに門の間の距離について[1]

〈門の様子〉

アルハサンから伝えられている預言者伝承にある。「『（それは）永遠の楽園であり、その凡ての門はかれらのために開かれる。』（サード章三八・五〇）という啓示について、預言者（祝福を）は、それらの門は目に見えるものだ、と言われた。」

またカターダから伝えられた預言者伝承には次のようにある。「それらの門はその外から内が、内から外が見える。それらは話し掛けられ、話をしている。そして人々がそれに対して、開け、あるいは閉じろ、と言っているのが理解できるのである。」

アルファザーリーから伝えられた預言者伝承には次のように言う。「各信者には四つの門がある。一つは天子が訪れる門、二つに目が大きくて美しい女性が訪れる門、三に地獄を覗き込むときの門、四つ目は信者と（さらに上の）天国との間の門でそれは主がお望みのときに使われる。」[2]

アナス・ブン・マーリクから伝えられた預言者伝承には、次のようにある。「私は天国でその門の取っ手を最初につかむ者となるであろう。なんと誇らしいことだ。」[3]

預言者による仲介については、数多くの伝承がある。アナスから伝えられた預言者伝承に言う。「私は天国の門の取っ手を取って、ガチャガチャと音を立てるだろう。」[4]

この伝承の言うように、取っ手は動いてガチャガチャと音を立てるというのは本当だ。アリー（アッラーの嘉しを）の言葉として次のものがある。「アッラー以外に神はなく、明白で真実の主権者である、と毎日一〇〇回くり返す人は、貧乏や墓場の辛さの心配はない。そしてその人には富がもたらされ、天国の門が開かれる。」[5]

天国の階層が上へ積み重なっているように、その門も上へとつながっている。そして上の天国に行くほど広くなっている。門の大きさもその天国の大きさに従うのである。

預言者ムハンマド（祝福を）とその人々のためには、他の人々とは違う門がある。アブー・フライラからの預言者伝承で次の伝承がある。「天使ジブリールが私のほうにやってきて、手を取って行って、私の人々が入って来る門を見せてくれた。」[6]

〈門と門の間の距離〉

イブン・ウマルからの預言者伝承には次のようにある。「私の共同体の人々が天国に入って来る門の幅は、乗り手が三日間かかる距離がある。」[7]

門と門の間の距離については、アッタブラーニーの辞書[8]にアースィム・ブン・ラキーズからの預言者伝承として次のようにある。

「ラキーズ・ブン・アーミルは預言者（祝福を）のところから辞して来て言った。『預言者よ、天国と地獄とはどんなところでしょうか？ と聞いたら預言者（祝福を）は言われた。』『あなたの主にかけて、地獄には七つの門がある。それらのどの二つの門も間の距離が七〇年間、乗り手がかかるほどである。他方天国は、八個の門がある。そのうちのどの二つの門の間も、乗り手が七〇年間かかるほどである。』さらに伝承は長く続くのである。」[9] 多分、この門と門の間の距離はどの門とどの門と特定されないものであろう。というのは、「そのうちのどの二つの門の間も」とあるからである。しかし本当のところは、アッラーのみがよくご存知である。

注

(1) 本章は校訂本第一一章と第一二章の摘訳。

(2) アブー・ナイーム、前掲書、一七四。

(3) アッダールミー伝承集、三一四八。

(4) アフマド伝承集、一二四七一、アッティルミズィー伝承集、三一四七、アッダールミー伝承集、五一など。

(5) アブー・ナイーム、前掲書、一八五。

(6) アブー・ダーウード伝承集、四六五二、イブン・アビー・アッドゥンヤー（ヒジュラ暦二八一年没）『天国の状態』ベイルート、二〇〇六年、二二五。

(7) アッティルミズィー伝承集、二五五一、イブン・アビー・アッドゥンヤー、同掲書、二二二。これは前章の「門の大きさ」の話だが、ここに挿入されている。

(8) アッタブラーニー（ヒジュラ暦三六〇年没）は教友たちの氏名をアルファベット順に並べた辞書方式で預言者伝承集を著した。大中小の三種を編纂した。ここは大の『アルカビール（大辞書）』のことを指しているが、それには二万件の伝承が記載されている。

(9) アッタブラーニー、同掲書『大辞書』（四七六）二一三／一九。

6　天国の場所[1]

至高のアッラーの言葉に、天国の場所について次のようにある。「本当にかれ（ムハンマド）は、再度の降下においても、かれ（ジブリール）を見たのである。（誰も越せない）涯にある、スィドラ木の傍で。その側に終の住まいの楽園がある。」（星章五三・一三―一五）

スィドラの木[2]は天空の上にあることは確かで、その命名の理由としては、アッラーから降りてくるものはそこに到着してそこに落ち着くからである。またそこへ上ってくるものも、そこに落ち着く。

次のクルアーンの言葉に関して、ムジャーヒドは「これこそは天国だ。」という伝承を伝えている。「天には、あなたがたへの糧と、あなたがたに約束されたものがある。」（撒き散らすもの章五一・二二）

またイブン・アッバースは伝えている。「天国は七つの天の上にある。アッラーは復活の日にそれを意のままの場所に置かれる。」[3]

ムジャーヒドはそのイブン・アッバースに聞いた。「天国はどこにあるのか？」その答えは「七つの天の上にある。」というものだった。[4]

『二真正伝承集』には次の預言者（祝福を）の言葉がある。[5]「天国には百の階層がある。その各々の隔たりは天と地の間の開きがある。」

このことは、天国は一番上の階にあって、一番高い所にあることを意味しているが、アッラーこそが一番良くご存知だ。

次の真正な預言者伝承を見ておこう。「だからアッラーにお願いする時は、フィルダウスを求めなさい。これは天国の中心の最も高いところで、その上に慈悲深い神の玉座があり、そこから天国の川が流れ出ているのだから。」[6]

注

（1） 本章は校訂本第一三章の摘訳。

（2） スィドラの木はアラビア語で、スィドラ・アルムンタハー（最終地点のスィドラ）、蓮の木だがここでは固有名詞扱いした。また動詞のサダラには、髪を降ろす、という意味がある。

（3） アブー・ナイーム、前掲書、一三一。

（4）アブー・ナイーム、同掲書、一三二に記載されているが、弱い伝承とされている。校訂本、七〇－七一ページ。
（5）『ハディース』下巻、三六三ページ。ただしムスリムの伝承集には出ていない。
（6）同掲書、三六三－三六四ページ。

7　天国への鍵と記録帳[1]

〈鍵とは〉

アフマドはその伝承集『アルムスナド』において、ムアーズ・ブン・ジャバルからの預言者伝承として次を上げている。

「天国への鍵は、アッラー以外に神はなし、という証言である。[2]」

アナスからのものとして、アブー・ナイームは、次の伝承を伝えた。

「砂漠のアラブ人が言った。預言者よ、天国への鍵は何ですか？　答えて言った。アッラー以外に神はなし、と。[3]」

実際、至高のアッラーは、要望される事柄についてそれぞれの鍵を創られた。礼拝の鍵は清浄さである。巡礼の鍵は禁忌を守ること、敬虔さの鍵は誠実さ、天国の鍵はアッラーの唯一性、知識の鍵は問いかけと傾注、勝利の鍵は忍耐、喜びの鍵は篤信、アッラーに答えてもらえるための鍵は祈り、恵みの鍵は努力、誇りの鍵はアッラーとその預言者への帰依、あらゆる善への鍵はアッラーと最後の日への願望である。

〈記録帳〉

至高のアッラーは言っておられる。天国の人々の記録帳には真実が書かれており、側近者たちが立証するところが記されているのである。ここに側近者とは天使、預言者たち、主な信者たちである。

クルアーンに言う。「これに引き替え敬虔な者の記録は、イッリッイーンの中に（保管して）ある。イッリッイーンが何であるか、あなたに理解させるものは何か。（そこには完全に）書かれた一つの記録（があり）、（主の）側近者たちが、それを立証する。本当に敬虔な者は、必ず至福の中におり、かれらは寝床に寄って、見渡すであろう。」（量を減らす者章八三・一八－二三）

アッタブラーニーがその著作において、サルマーン・アルファーリスィーから伝えられる預言者伝承として、次を記している。「天国に入る人は誰でも次の許しを得る：慈悲深く慈愛遍きアッラーの御名において、この記録はアッラーから、誰々へのもので、その者を高いが手に届く所にある天国に入れよ。」[4]

私（著者のイブン・カイイム・アルジャウズィーヤ）は言う。「このように信者たちは、人が二種類に分けられる日（最後の審判の日）に、右手の人たち（右手に記録帳を持つのは信者）のグループに入れられる。初めはアッラーによって精神が肉体に吹き込まれる日に書かれる（運命が定められているアッラーの下にある原本による）。それから死去する日に、天国の人たちの記録帳に（一生涯の言動が）記される。復活の日には、これが手渡されるのである。」[5]

補足　善悪の鍵

校訂本七四ページに、さらに善悪へのいくつもの鍵が言及されている。天国論そのものではないが、信仰上貴重な参考になるのでここに補足する。

1　善への鍵

物事の追加への鍵は感謝、友情と愛情の鍵は記憶、成功の鍵は希望と畏怖、最後の日の願望の鍵はこの世の禁欲、信仰への鍵はアッラーが僕に考えよと言われたことを考えること、アッラーにお目通り願う鍵は心から従い正しい姿勢を保ち、愛・嫌悪と行為・停止においてアッラーに忠実であること、精神生活の鍵はクルアーンを熟慮し魔術を避け、罪を犯さないこと、お慈悲を獲得する鍵は創造主への帰順に誠意を尽くして僕の利便に努めること、最後の日への準備の鍵は願望を抑えることである。

2　悪への鍵

あらゆる悪への鍵は、現世の野望と執念を逞しくすること、地獄への鍵はアッラーと同等者を並べること、傲慢さ、アッラーとその預言者が送られた事柄に異論を唱えること、ならびにアッラーを唱えながら当然の義務を怠ること。またあらゆる罪の鍵は酒、強姦の鍵は富裕さ、欲望と愛着の鍵は絵を見ること、失望と禁止された事柄に近づくことの鍵は怠慢と弛緩、謀反心は無感謝の鍵、嘘は見せかけの鍵、強欲と執念はけちさと慈悲不足と不当利得の鍵、アッラーとその預言者（祝福を）の齎した事柄への異議はあらゆる違反と蒙昧の鍵である。

注

（1）本章は校訂本第一四章と第一五章の摘訳。
（2）アフマド伝承集二二一六三。
（3）アブー・ナイーム、前掲書、一九〇。
（4）アッタブラーニー、前掲書『大辞書』（六一九一）二七二／六、『中辞書』（三〇一一）。
（5）校訂本七七ページ。

8　天国への道は一つしかないこと[1]

預言者たち（彼らにアッラーの祝福と平安を）はその初めから最後の者まで、天国への道は一つであることで全員一致している。他方地獄への道は、多種多様である。

クルアーンにも次のようにある。「本当にこれはわれ（アッラー）の正しい道である。それに従いなさい。（他の）道に従ってはならない。それらはかれの道からあなたがたを離れさせよう。」（家畜章六・一五三）

上記の啓示が降ろされた状況に関して、イブン・マスウードは預言者伝承を伝えている。「アッラーの使徒は我々のために、線を引かれた。そして言われた。『これはアッラーの道である。』そしてその右と左に線を引かれた。そして次のように言われた。『これらの両方の道には、それらに従うように呼びかけるシャイターンがいる。』」

そして上記のクルアーンの啓示が降ろされたのであった。

アルブハーリーはジャービルから次の預言者伝承を伝えている。

「ある男が家を建て、そこでご馳走を用意して使いを送った。その招きに応えた人は家へ入りご馳走を食べたが、招きに応えなかった人は家へ入らずご馳走にも与らなかった。ここで家は天国を、そして使者はムハンマドを表わし、ムハンマドに従う者はアッラーに従い、ムハンマドに背くものはアッラーに背くことになる。ムハンマドは人々を天国と地獄へ分ける者である。」[2]

アッティルミズィーの伝承集にジャービルから伝えられたとして、次の預言者伝承がある。「夢に見たのだが、ジブリールが私の頭の方に来て、ミーカーイールが私の脚の方に来たようであった。そして一方がもう一人に言った。例をもって彼（預言者）に示そう、と。そうして次の話が例として話された。『聞け、といったらあなたの耳が聞いた。考えろ、といったらあなたの心が考えた。あなたやあなたの人々に関するこうしたことは、ちょうど王様が城を作ってその中に家とテーブルを作り、そして人々を食事に招くため預言者を送るようなものである。預言者に従った者もいれば、離れた者もいた。ここで王様とはアッラーであり、城とはイスラームで、そして家は天国である。それから預言者は、ムハンマドよ、あなた自身である。だから招きに応えた人たちはイスラームに入ったことになるし、イスラームに入ったら天国に入ったことになるし、そして天国に入った人たちは、そこの食料を食べることになるのだ。』」[3]

注（1）本章は校訂本第一六章の摘訳。
（2）『ハディース』下巻、三三八ページ。
（3）アッティルミズィー伝承集二八六四。

第2部

1　天国の階層について[1]

天国の階層はたくさんある。クルアーンに言う。

「信者のうち、これといった支障もないのに（家に）座っている者と、財産と生命を捧げて、アッラーの道のために奮闘する者とは同じではない。アッラーは、財産と生命を捧げて奮闘する者に、座っている者より高い階層（単数）を授けられる。アッラーは

（信者の）それぞれに、良い報奨を約束なされる。だがアッラーは奮闘する者には座っている者よりも偉大な報奨を授けられる。階層（複数）もお赦しも慈悲も。誠にアッラーは寛大にして慈悲深くあられる。」（婦人章四・九五－九六）

（単数と複数の階層が出てくることに関して）アッダッハークは伝えて言う。「初めは一つの階層と言って、次には複数の階層と言われる至高のアッラーの御言葉を勘案したが、初めのは口実があって座っている者とアッラーの道で奮闘する者の間、次のは口実もなく座っている者とアッラーの道で奮闘する者の間の階層の違いである。」

またクルアーンに言う。「信者は、アッラーのことに話が進んだ時、胸が（畏怖の念で）戦く者たちで、かれらに印が読誦されるのを聞いて信心を深め、主を信頼する者たち、礼拝の務めを守り、われが授けたものを（施しに）使う者たち、これらの者こそ真の信者である。かれらには主の御許にいくつもの段階があり、寛容と栄誉ある給養を与えられる。」（戦利品章八・二－四）

アブー・サイード・アルフドリーからの預言者伝承が、『二真正伝承集』に預言者（祝福を）の言葉として次のようにある。「『天国の信者は、彼らの上層に住む人々を彼らよりも優れた人たちであるため、ちょうど東や西の空の方向に輝きながら移動する星を眺めるように仰ぎ見る。』人々が、み使い様、あそこは預言者たちだけの住むところで、彼ら以外には行けない場所なのですか、と尋ねると、み使いは、『いや、私の生命を御手にされる方に誓って！　アッラーを信仰し、その御言葉を信ずる者らは誰でもあそこに行くことができます』と言われた。[2]」

　アブー・サイード・アルフドリーからの預言者伝承が、『アルムスナド』には預言者（祝福を）の言葉として次のようにある。「天国には一〇〇の階層がある。そのうちの一つに全世界の人々が集まっても、十分に収容できる。[3]」

　さらに同様にして言う。「クルアーン持参の人に（預言者は）言われた。天国に入ったならば、その一節を読みなさい。そして一節を読むたびに一段階層を上がりなさい。そして最後まで読みきるのだ。[4]」

　これは間違いないところであり、天国の階層は一〇〇階以上あるのだが、至高のアッラーが一番ご存知だ。

注（1）本章は校訂本第一七章の摘訳。
（2）『日訳サヒーフ　ムスリム』第三巻、七〇一－七〇二ページ、『ハディース』中巻、一五四ページ。
（3）アフマド伝承集一一二三六。
（4）同掲書一一三六〇。

2　一番高い階層とその名前(1)

ワスィーラ（「手立て」の意味）と呼ばれるのが天国で一番高い階層である。それは創造された者のなかで一番栄誉ある人、すなわち我々の長である預言者ムハンマド（祝福を）だけが得られるものである。

アムル・ブン・アルアースから伝えられた預言者の言葉として、ムスリムが記したのは次のところである。「あなたたちはムアッジン（礼拝呼びかけ人）の詠唱を耳にした時には彼の言っていることを同じように繰り返しなさい。それから私（預言者）を祝福しなさい。私を祝福した者は誰でもアッラーより十倍の祝福を受けるであろう。それから私のためにワスィーラをアッラーに請いなさい。ワスィーラとはアッラーの下僕たちの中でただ一人ために用意された天国での特別席ですが、私はそのただ一人になることを望んで止みません。私のためにこのワスィーラをアッラーに請うた者は誰でも最後の審判の際には、私からの執り成しが保証されるでしょう。」[2]

預言者（祝福を）が次のように言っておられるところをアブー・フライラが聞いて、アフマドが伝承集に伝えている。「あなた方が礼拝するならば、ワスィーラを私のためにアッラーに請いなさい。預言者よ、そのワスィーラとは何ですか、と人は聞いた。そこで預言者は言われた。『それは天国の一番高いところで、一人しかそこを占めることができない。どれほど私はそれを望んでいることか。』」[3]

『二真正伝承集』には次のようにジャービルの伝えた預言者の言葉がある。

「詠唱を聞いた人が、『アッラーよ、この全き呼びかけの主であり礼拝の主よ、ムハンマドにどうかワスィーラと美徳を与えたまえ、そして彼に約束された称賛された立処を与えたまえ』と唱えれば、その人には復活の日に執り成しが保証されるだろう。」[4]

預言者（祝福を）が次のように言っておられるところをアブー・サイード・アルフド

リーが聞いて、『アルムスナド』に伝えている。「ワスィーラとは偉大で尊崇なアッラーにおける階層であるが、その上にはもう階層はない。だから私のためにそのワスィーラを請うてくれ。[5]」

　ワスィーラという言葉はアッラーの玉座に一番近い階層なので、その名称になった。称えあるアッラーはこの言葉の意味を明らかにされている。

「祈っているそれらの者たちは、彼らの主への手立て（ワスィーラ）を望み、誰が最もアッラーに近いかと、また主の慈悲を望み……」（夜の旅章一七・五七）

　ここで、誰が最もアッラーに近いか、と言っているのは、ワスィーラを解説しているのである。そしてこのワスィーラを、アッラー以外を祈ろうと不信者が呼びかけている対象である人々でさえも望んで、その近くに行こうと競っているのである。

注（1）　本章は校訂本第一八章の摘訳。

（2）　『日訳サヒーフ　ムスリム』第一巻、二六四－二六五ページ。

（3）　アフマド伝承集七六〇一。

（4）　『ハディース』中巻、五八八ページ、アフマド伝承集一四八二三他。ムスリム『サヒーフ』には記載されていない。
（5）アフマド伝承集一一七八三。

3　天国を対価として主が僕に提示すること[1]

至高のアッラーは天国を信者の生命と財産の対価とされ、アッラーのためにそれらを費やすならば、その対価が得られるとされた。クルアーンに言う。
「本当にアッラーは、信者たちからその生命と財産を贖われた。かれらのため（の代償）は、楽園である。かれらはアッラーの道のために戦い、殺し、また殺される。それは律法と福音とクルアーンとを通じて、かれが結ばれる真実な約束である。誰がアッラー以上に、約束に忠実であろうか。だからあなたがたが結んだ契約を喜べ。それこそは至上の幸福の成就である。」（悔悟章九・一一一）
　ここで信者の商品とは何か？　誰が購買者か？　その対価はどうか？　そう、信者の商品とは生命と財産である。称賛されて至高のアッラーが購買者であり、対価は天国の快楽である。そしてこの売買の完結することを確認する趣旨の言葉を見るべきだ。「誰がアッラー以上に、約束に忠実であろうか。」と言うのである。[2]

アブー・フライラは預言者が語られるのを伝えて、それをアッティルミズィーが記した。「恐怖心を持った人は、夜出立した。夜出立した人は（無事に）家に戻った。本当にアッラーの商品は高価で、本当にアッラーの商品は天国である。」[3]

『二真正伝承集』に、ある砂漠のベドウィンが預言者（祝福を）に天国に入るための行為について教えてほしいと頼んだ時に、それに答えて言われた言葉がアブー・フライラから伝えられて残されている。「アッラーを崇拝し、彼以外に何ものをも尊んではならない。定められた礼拝を行い、義務としてのザカートを支出し、ラマダーン月の断食を守りなさい、と説かれた。そのベドウィンは、生命の主たるアッラーに誓って申し上げますが、私はこれらを忠実に守り、欠けることのないよう怠らず努めます、と言った。彼が立ち去った時、預言者は天国に住むものたちは、喜んで彼の姿をそこに見ることであろう、と言われた。」[4]

ムアーズ・ブン・ジャバルが聞いた預言者（祝福を）の言葉として、アブー・ダーウードがその伝承集に伝えているのは次のとおりである。「最後に、アッラー以外に神はなし、と唱える人は、天国に入る。」[5]

再び『二真正伝承集』にある、アブー・ザッルが伝える預言者伝承を見よう。

「預言者（祝福を）が言われたことだが、主から私（預言者）にある者が来て、私の民のうちでアッラー以外の何ものをも崇めずに死んだものは天国へ入る、という良い知らせを伝えた。そこでアブー・ザッルは、その人が姦通や窃盗をしたらどうでしょうか、と尋ねたのに対して、たとえ姦通や窃盗をしても、とお答えになった。」[6]

補足　僕の行為とアッラーの慈悲

校訂本九〇－九一ページには原文で小見出しがつけられていて、信者の帰依の行為は天国入りの十分条件ではないと釘がさしてある。くり返しになる部分はあるが、重要なポイントであるから、その要点をここに補足する。

しかしここで注意しなければいけないのは、天国に入れるのはアッラーの慈悲によってであるということである。下僕の行為は契機となっても、それ単独で天国入りになるのではないのである。アッラーは信者の行為が重要とされ、他方で預言者伝承には、信者の行為だけで天国に行けるのではないという。しかしこれら二つは矛盾してはいない。

業火を逃れることができるのは、アッラーのお赦しによってである。そして天国入りはアッラーの慈悲によるのである。預言者伝承にこれら二つをまとめて、次の言葉がある。

「アーイシャによると、預言者が『正しい道を行き、目的に近づき、喜べ。誰もその行いによって天国に入ることは出来ないだろう。』と言ったとき、人々がアッラーの使徒よ、あなたもですかと尋ねると、『私も同じだ、アッラーがお恵みとお赦しで私を包んで下さらなければ。』と答えた。」[7]

至高のアッラーを知って、かれの僕への権利を知ること、そして自らの欠点と罪を知ること、これら双方をよく見るものはそれを（事実を）よく知り、自らの状態をよく知り、その心が決まるのである。アッラーにこそ称えあり、かれこそは至高であられる。かれこそは（人々から）助けを求められるお方。

注
(1) 本章は校訂本第一九章の摘訳。
(2) 校訂本、八八ページ。
(3) アッティルミズィー伝承集、二四五二。
(4) 『日訳サヒーフ　ムスリム』第一巻、三五ページ、『ハディース』上巻、三七五－三七六ページ。
(5) アブー・ダーウード伝承集、三二一六。
(6) 『日訳サヒーフ　ムスリム』第一巻、七五ページ、『ハディース』上巻、三三三ページ。
(7) 『ハディース』下巻、一二六ページ。

4　天国の人たちが主に求めること、天国が彼らに対して求めること、彼らへの執り成しについて[1]

至高のアッラーはその僕の心ある者たちについて、彼らは天国を求めているとして、次の啓示を降ろされた。「主よ、あなたの使徒たちによって、わたしたちに約束されたものを授け、また審判の日には屈辱から救って下さい。本当にあなたは、決して約束を無になさいません。」（イムラーン家章三・一九四）

使徒たちの言うことによって約束されたものとは、天国に入れるということである。この祈りの言葉は一番重要で功徳の多いものである。というのは、それによって信者に天国を約束するというアッラーの言葉を伝えた預言者に対する信用や信頼が保たれるからだ。またそれゆえに、人々は彼に対して天国入りを祈願するし、彼は創造された者の中で一番好かれるし、人々は一番多くの事柄をお願いするということになるのである。称えられるアッラーは祈りをしきりにする人たちを好まれるし、僕がアッラーに対して嘆願すればするほど、好まれ、近づけられ、与えられるのである。

伝承には、「アッラーに嘆願しない者は、誰であれアッラーの怒りを買う」とある。[2]

つまり、天国は主にその住民を求める、その住民は主に対して天国を求める、天使たちは住民のために天国を求める、使徒たちもその住民とその従者のために天国を求める、ということである。

アナス・ブン・マーリクからの預言者伝承として、アッティルミズィーやアンナサーイーが伝承集に掲載しているのは次の言葉である。「ムスリムとしてアッラーに三回も天国をお願いするよりは、天国がアッラーよ、彼を天国に入れてやってください、と言うほうが良い。[3]」またアブー・フライラが伝える預言者伝承に次のとおりある。「一日に七回も僕がアッラーにお願いするよりも、天国が、主よ、あなたの僕の誰々が私にお願いしているので、天国に彼を入れてやってください、と言ったほうが良い。[4]」

このように天国がその住民を求めるし、それに引き付けるということだ。ムアーウィヤからのものとしてアッライスの預言者伝承には次のものがある。

「天国と地獄が求めない日はない。天国は言う、主よ、天国の果実は実り、川は豊かに、人が恋しくなりました、だからこちらに住民を寄こしてください。[5]」

アブドゥッラー・ブン・ウマルが、預言者から聞いたところは次のとおりであった。「『二つの偉大な事柄を忘れないように。』と言われたのに対し、預言者よ、それら二つとは何か、と人々が聞いたので、『天国と地獄である。』と言われた。」[6]

クライブ・ブン・ハルブの伝える預言者伝承として、アブー・バクル・アッシャーフィイーは述べている。「預言者（祝福を）は言われた。『天国を自らの努力で求めよ、そして地獄を自らの努力で回避せよ、天国を求める人は眠っていないし、地獄を避ける人も眠っていない』と。またさらに、『あの世には嫌なこともいっぱいあるし、この世も楽しいことや魅力もいっぱいある、だけれどもあの世を忘れるわけにはいかない』と。」[7]

注

（1）本章は校訂本第二〇章の摘訳。

（2）アフマド伝承集九七二五．アッティルミズィー伝承集三三七〇。

（3）アッティルミズィー伝承集二五七五、アンナサーイー伝承集二七八／九。

（4）アブー・ナイーム、前掲書、六八ページ。ただしこの伝承は多数の人が根拠薄弱としている。校訂本、九四ページ。

（5）アブー・ナイーム、前掲書、八五ページ。ただしこの伝承は根拠薄弱。校訂本、三〇、九五ページ。

(6) アブー・ナイーム、前掲書、六六ページ。ただしこの伝承は根拠薄弱。校訂本、九六ページ。
(7) アッタブラーニー、前掲書『大辞書』(四四九)二〇〇/一九。

5 天国の名称とその意味[1]

天国には、その状態に応じていくつかの呼称がある。しかし実態は一つである。

第一の呼称は、ジャンナである。これがあの館の名称として一般に流布しているものである。そこには、喜悦、味わい、快楽、心地良さなどがある。アルジャンナというこの呼称は、クルアーンにもしばしば出てくる。[2] 語源的には、隠蔽、隠す、というところから来ている。腹の中の胎児(ジャニーン)、目に見えない天邪鬼(ジン、複数形はジャーン)、覆っている防護柵(ジュンナ)、楽園は樹木で囲まれて外から見えない庭のこと(ジャンナ)など。

第二には、平安の館(ダール・アッサラーム)である。クルアーンに言う。「かれらは、主の御許に平安な住まいを得る。」(家畜章六・一二七)「本当にアッラーは、人を平安の家に招き、またお好みになられた者を正しい道に導かれる。」（ユーヌス章一〇・二五）この名称はまさしく適切だ。というのは、そこには不幸、病気、忌まわしさなどはなく、アッラーの館であり、かれの美称も「平安」であるからだ。

第三には、永劫の館（ダール・アルフルド）である。そこに入る人たちは、永住するのである。クルアーンに言う。「そこでは疲れ倦むことなく、また（永遠に）そこから追われることもない。」（アル・ヒジュル章一五・四八）

第四に、永住の館（ダール・アルムカーマ）である。クルアーンには次のようにある。「かれの御恵みによって、わたしたちは永遠の邸宅に住み、そこで苦労をすることもなく、また疲れを覚えることもありません。」（創造者章三五・三五）

第五に、逃れの楽園（ジャンナ・アルマアワー）である。至高のアッラーは言われた。「そのそばに逃れの楽園がある。」（星章五三・一五）「本当に楽園が逃れの住まいであろう。」（引き離すもの章七九・四一）逃れのところとは、天国の一名称となっている。天国は休養と静けさを求めて人が逃れるところでもあるからだ。とくに天使や殉教者の魂が休むところとも解されている。[3]

第六に、アドンの楽園（ジャンナート・アドン）で、これはある楽園の名称だともされた。しかし実際は楽園全体を指してこの名称で呼ぶのである。クルアーンに言う。「アドンの楽園、それは信じていても目には見えないものだが、慈悲深い御方がその僕たちに約束なされたものである。」（マルヤム章一九・六一）「かれらはアドンの楽園に入ろう。その中でかれらは、黄金の腕環と真珠で身を飾り、その衣装は絹である。」（創造者章三五・三三）動詞のアダナは、住む、という意味である。[4]

第七に、生気の館（ダール・アルハヤワーン）である。クルアーンに言う。「現世の生活は、遊びや戯れに過ぎない。だが来世こそは、生気の生活である。もしかれらに分っていたならば。」（蜘蛛章二九・六四）クルアーン解釈によると、来世とは天国であるが、それは生気と生活の館である。そこには死はなく、恒常的な生活の館である。

第八に、フィルダウスと呼ばれる。クルアーンに言う。「これらの者こそ本当の相続者で、フィルダウスを継ぐ者である。かれらはそこに永遠に住むのである。」（信者たち章二三・一〇、一一）「本当に信仰して善行に励む者に対する歓待は、フィルダウスの楽園である。かれらはそこに永遠に住もう。」（洞窟章一八・一〇七）フィルダウスは天国一般にも用いられるが、他方でそれは一番高くて最良の階層とも言われる。語源はラテン語の「楽園、庭」であるとされる。[5]

第九に、至福の庭（ジャンナート・アンナイーム）である。クルアーンに言う。「信仰して善行に勤しむ者には喜びの楽園があり、」（ルクマーン章三一・八）これも天国の総称であり、そこでの心地良い食べ物、衣類、飲料、薫香、壮大な住まいなどの、表立った、あるいは見えない形の至福を齎すところである。

第一〇に、安泰な場所（アルマカーム・アルアミーン）である。クルアーンに言う。「本当に主を畏れた者は、安泰な所にいる。」（煙霧章四四・五一）マカームとは住まいのこと、安泰とは、あらゆる悪とけがらわしさから安全であることである。

第一一に、真理の居所（マクアド・アッスィドク）である。クルアーンに言う。「本当に主を畏れる者は、園と川のある、全能の王者の御許の、真理の座に（住むのである）。」（月章五四・五四、五五）天国を真理の居所と称するのは、そこにあるすべてが真理であり真実だからだ。真実の愛情、真実の言葉、真実の情報、真実の喜悦があり、称えがあり至高のアッラーが真実の約束をされ、その僕に至福を齎されるのが天国なのである。それは永劫の楽園であり、そこには試されることのない天使たちがいるのである。

第一二に、優れた真実の足場（カダム・アッスィドク）で、これは上の第一一と同様の発想で説明できる。

注

（1）本章は校訂本第二一章の摘訳。
（2）本書参考2「クルアーンにおける天国」参照。
（3）最後の一文は校訂本九九ページ。
（4）最後の一文は校訂本一〇〇ページ。
（5）この語源論は校訂本一〇一ページ。先の第2章「アルワスィーラ」との関係は言及されていない。

6　楽園の数とその様子[1]

〈楽園の数〉

楽園の数は、称えられる至高のアッラー以外は確実にはわからないほどたくさんある。

アナス・ブン・マーリクからの預言者伝承として、アルブハーリーが伝承集に入れたものに、次の預言者（祝福を）の言葉がある。

「ハーリサ・ブン・スラーカの母ウンム・アッルバイウ・ビント・アルバッラーゥが預言者の下に来て、『バドルの戦いの日、流れ矢に当たって死んだハーリサのことについて教えてください。もし彼が天国に居るならば辛抱しますが、そうでなければ、私は彼のために泣いても泣ききれません。』と言ったとき、彼は『天国には多くの庭があるが、あなたの息子は最高の場所フィルダウスに入ったのだ』と答えられた。[2]」

〈楽園の様子〉

『二真正伝承集』に預言者（祝福を）からの伝承として、アブドゥッラー・ブン・カイスが父アブー・ムーサー・アルアシュアリーから聞いて伝えたものを掲載している。

「天国には、中に銀が詰まった銀製容器のある二つの庭園と金の詰まった金製容器のある二つの庭園とがある。アドンの園で主を拝そうとする人々の前には、主の玉顔を覆う壮麗な外衣が見られることだろう。[3]」クルアーンには次のようにある。「だが主の（審判の座の）前に立つことを畏れてきた者のためには、二つの楽園があろう。」（慈悲あまねく御方章五五・四六）「この二つの（楽園の）外に（さらに）二つの楽園がある。」（同章五五・六二）こうして合計四つの楽園があることになる。[4]

至高のアッラーは楽園の中でも玉座近くに一つ格別なのを選んで、自らがそれをそこに安置された。それは楽園中の楽園とも言える。ちょうどそのような選抜は、天使の中ではジブリールを選ばれ、人間の中ではムハンマドを選ばれ、天上には最上層を置かれ、諸国の中ではマッカを選ばれ、諸々の夜の中では定めの夜（ライラ・アルカダル）を選ばれ、一週間の中では金曜日を選ばれたようなものである。

本当にアッラーは称えられ、創造したいものを創造され、選ばれたいものを選ばれるのである。アナス・ブン・マーリクが伝える預言者伝承に次のものがある。「アッラーはフィルダウスを自らの手でお創りになった。そしてそれを不信者から遠ざけられた。またいつも酒気を帯びている者からも。」[5]

アブドゥッラー・ブン・アルハーリスが伝える預言者伝承に次のものがある。

「アラーは自らの手で、三つのものをお創りになった。アーダム、律法、フィルダウスである。私の誇りであり畏敬のお方（であるアッラーよ）、フィルダウスには酒気を帯びた者やアッダユースも入れない、と預言者（祝福を）が言われた。そこで人々は、酒気を帯びた者はわかるが、アッダユースとは何かと尋ねた。それは人々に悪を植えつける人のことだ、とお答えになった。[6]」

アナスが伝える預言者伝承に次のものがある。「アッラーは自らの手でアドンの楽園を、一部のブロックは白い真珠で、一部のブロックは赤色のルビーで、一部のブロックは緑色の宝石で創られ、壁は麝香で、床は真珠で、草はサフランで敷き詰められ、それから、できたよ、と楽園に言われた。そうしたら、楽園は、『信者は喜ぶだろう』と言った。そこで偉大で高邁なアッラーは、わたしの誇りであり敬うところであるので、そこに馬で乗りつけたりして、わたしに近づくことはないように、と言われた。そして預言者（祝福を）が次の啓示の言葉を述べられた。『自分の貪欲をよく押えた者たち。これらの者こそ至福を成就する者である。』（集合章五九・九）[7]」

自らの手でお創りになった人間のために、また最良の被創造者のために、自らの手で創られた楽園を安置されたというこの配慮ぶりを、われわれは熟慮すべきである。それは気配りであり、栄誉であり、創造したものに対する特別の恵みを示すものである。また他のものと区別しつつ、それに名誉を与え、別格扱いするものでもある。アッラーこそ物事を成就される。

注

(1) 本章は校訂本第二二章と第二三章の摘訳。

(2) 『ハディース』中巻、三二ページ。

(3) 『日訳サヒーフ　ムスリム』第一巻、一四二ページ、『ハディース』下巻、三七二ページ。

(4) 校訂本ではこの後に、初めの二つと後の二つの楽園の場所的な関係に関して、どちらが上でどちらが下かという議論があることを紹介した後、初めの二つが上にあるという説を妥当としている。

(5) アブー・ナイーム、前掲書、六一ページ。伝承者の連鎖が断続的である。校訂本一〇八ページ、注一。

(6) アブー・ナイーム、前掲書、二三ページ。伝承者の連鎖が断続的である。校訂本一〇八ページ、注二。

(7) アブー・ナイーム、前掲書、一八ページ。根拠薄弱な伝承である。校訂本一〇九ページ、注二。

7　天国の門番と天国の門を初めに叩く人について[1]

〈門番について〉

天国には門番（バウワーブ）がいて、それは複数で天国の守りについている。何かを託しておける人（ハーズィン）という意味合いもある。クルアーンに言う。

「またかれらの主を畏れたものは、集団をなして楽園に駆られる。かれらがそこに到着した時、楽園の諸門は開かれる。そしてその門番は、『……あなたがたは立派であった。ここにお入りなさい。永遠の住まいです。』と言う。」（集団章三九・七三）

称えあり崇高なアッラーは門番の長を、リドワーンと称された。その名称は喜び（リダー）から派生している。[2] アブー・フライラによると預言者（祝福を）は次のように言われた。

「アッラーの道に一対の馬を差し出したものに、天国の凡ての門の門番は、さあ、いらっしゃい、と呼びかけるであろう。[3]」

〈最初に門を叩く人〉

最初に天国の門を叩くのは、預言者ムハンマド（祝福を）である。アナスの伝えている伝承で、預言者（祝福を）はこう言われている。「復活の日、わたしは天国の門に行きそこを開けるよう頼むが、番人はそのとき、あなたは誰ですか、と尋ね、私がムハンマドですと答えると、あなたのために、あなたがおいでになるまで誰にも門を開けてはならないと命じられていました、と言うことだろう。」[4]

アブー・フライラの伝える預言者伝承に言う。「わたしに天国の門が初めに開かれるだろう。但しわたしと競争するような関係になる女性は別だ。わたしは彼女に、どうしたのですか、あなたは誰ですかと問うだろう。そうするとその女性は、私は女性で孤児でした、と言う。」[5]

アナスが伝える預言者伝承に言う。「私は（使徒たちの中で）復活の日に最も多くの追随者を持つことだろう。そして私が天国の門を叩く、最初の者となろう。」[6]

注（1）　本章は校訂本第二四章と第二五章の摘訳。

（2）校訂本一一一ページ。
（3）『ハディース』中巻、四〇ページ。
（4）『日訳サヒーフ　ムスリム』第一巻、一七一ページ。
（5）モースルの人、アブー・ヤアラーの伝承集『ムスナド』六六五一。
（6）『日訳サヒーフ　ムスリム』第一巻、一七〇－一七一ページ。

8　天国に初めに入る人たち、貧者が富者より先に天国に入ることについて[1]

〈天国に最初に入る人々〉

ムハンマド（祝福を）の人たちが、最初に天国に入る人々である。アブー・フライラが預言者（祝福を）から伝えた伝承として、ムスリムは次のものを挙げている。

「彼ら（ユダヤ教徒、キリスト教徒）は聖なる教典をわれわれ以前に授けられ、われわれは彼らの後にそれを授けられた。われわれは最後の教典の民であるが、復活の日は最初に楽園に入る民となるであろう。つまり彼らは異論を唱えたのである。アッラーは彼らが異論をさしはさんだ真理にわれわれをお導き下されたのである。[2]」

アブー・フライラからの預言者伝承としてアブー・ダーウードが彼の『スナン』において伝えるのは、次のとおりである。「ジブリールがわたしのところへやってきて、手を取って天国の門を示してくれた。そこからわたしの人々が入ると言うのである。そこでアブー・バクルが言った。『預言者よ、わたしはそれを目にするまであなたと一緒であれば良いのにと思います。』そこで預言者（祝福を）は言われた。『アブー・バクルよ、あなたがわたしの人々の中で、天国に一番初めに入る人になりますよ。』と。」[3]

『二真正伝承集』にはアブー・フライラからの伝承として次のものがある。

「天国に入る先頭の人々は、満月のような美しい姿で現れ、それに続く人々はそれで一番輝く星のようであり、彼らは小便も大便もせず、唾も痰も吐かず、その櫛は金、汗は麝香の香りを漂わせ、そして香炉にはアロエが焚かれる。彼らはつぶらな瞳のフーリーを妻として持ち、誰もが六〇腕尺も背丈のあるアーダムと同じ姿をしている。」[4]

〈貧者が先に入ること〉

イブン・アッバースの伝える預言者伝承に次のものがある。「復活の日に最初に天国に呼ばれる人々は、繁栄の時も逆境の時もアッラーを称えていた人たちである。」[5]アフマドは次の預言者伝承を伝えている。「信者の内、貧者は富者よりも先に天国に入る。半日の違いだが、それは五百年間に相当する。」[6]アッティルミズィーは、この伝承を良好で真正と認めている。また彼は、ジャービル・ブン・アブドゥッラーからの預言者伝承として次の言葉を挙げている。「わたしの人々のうち、貧者は富者よりも四〇回の秋を過ごす分だけ早く天国入りを果たす。」[7]

このようにどれほど先に早く天国入りを果たすかは、四〇年、あるいは五〇〇年と異なってくる。それは貧者と富者の状況によって違うのである。

さらに早く入ったからといって、そのほうが天国のより高いところに行くとは限っていない。もし富者の財産を計算され、また彼がアッラーに感謝してお近づきの努力として篤信の行い、善行、喜捨、慣行に従う事柄などを実践していたならば、先に天国入りを果たした貧者よりもより高い立場や階層が与えられるかもしれない。称えられ崇高なアッラーは、善い行いをした人たちの報奨を逃したりはされないのである。

ここに特典は二つありうる。それは先に入ることと、より高く位置づけられることである。それらはいずれか一つかもしれないし、両方かもしれない。あるいはそのいずれでもないかもしれない。いずれにしても、それは双方の必要性をアッラーが定められるということである。

注

(1) 本章は校訂本第二六章、第二七章、第二八章の摘訳。
(2) 『日訳サヒーフ　ムスリム』第二巻、三〇ページ。
(3) アブー・ダウード伝承集四六五二。根拠薄弱とされる。校訂本一一五ページ、注一。
(4) 『日訳サヒーフ　ムスリム』第三巻、七〇三ページ、『ハディース』中巻、一六六ページ。
(5) ここの後、天国に入る人たちの順序について、各種の解釈があることを説明している。いずれも『二真正伝承集』には入っていない預言者伝承にもとづいている。たとえばアフマド『ムスナド』に従えば、それは殉教者、奴隷になっても信仰を失わなかった人、貧者の三者が上げられている。校訂本一一六－一一七ページ。
(6) アフマド伝承集八五二九。
(7) アッティルミズィー伝承集二三五六。

9　天国は篤信の人たちのもの[1]

〈篤信の人たち〉

崇高なアッラーは、天国は篤信の人たちのためのものであるとクルアーンに言明されている。「あなたがたの主のお赦しを得るため、競いなさい。天と地ほどの広い楽園に（入るために）。それは主を畏れる者のために、準備されている。順境においても逆境にあっても、（主の贈り物を施しに）使う者、怒りを抑えて人々を寛容する者、本当にアッラーは、善い行いをなす者を愛でられる。また醜悪な行いをしたり、過失を犯した時、アッラーを念じてその罪過のお赦しを請い、『アッラーの外に、誰が罪を赦すことが出来ましょう。』（と祈る者）、またその犯したことを、故意に繰り返さない者。これらの者への報奨は、主からの寛大なお赦しと、川が下を流れる楽園であり、かれらはその中に永遠に住むであろう。奮闘努力する者への恩恵は何とよいことであろう。」（イムラーン家章三・一三三ー一三六）

また崇高なアッラーは、マッカからアルマディーナへ一緒に行ったムハージルーンとその支持者アンサールも天国の住人であるとされている。「（イスラームの）先達は、第一は（マッカからの）遷移者と、（遷移者を迎え助けたマディーナの）援助者と、善い行いをなし、かれらに従った者たちである。アッラーはかれらを愛でられ、かれらもまたかれに満悦する。かれは川が下を永遠に流れる楽園を、かれらのために備え、そこに永遠に住まわせられる。それは至上の幸福の成就である。」（悔悟章九・一〇〇）

『二真正伝承集』によると、ハーリサ・ブン・ワハブは預言者から聞いたとして次のとおり伝えられている。「お前たちに天国の人々について教えようか。それは弱い者、へりくだった者で、アッラーにかけて誓ったときその人の思いは達せられる者である。また、地獄の人々について言えば、それは粗暴な者、横暴な者、そして高慢な者である。[2]」

以上要するに、天国の人たちは四種類になる。クルアーンに言う。

「アッラーと使徒に従う者は、アッラーが恩恵を施された預言者たち、誠実な者たち、殉教者たちと正義の人々の仲間となる。これらは何と立派な仲間であることよ。」（婦人章四・六九）

ここで改めて、アッラーにその気前良さにより、われわれをこういう人たちの一部にしてほしいと祈願しておこう。

〈ムハンマドの共同体〉

天国の人たちの大半は、ムハンマド（祝福を）の共同体の民である。『二真正伝承集』にアブドゥッラー・ブン・マスウードからの預言者伝承として、次のものがある。

「あなたたちは、天国の住民の四分の一をムスリムが占めるのを喜ばしいことと思いませんか。それに対し、わたしたちは「アッラー、アクバル」と叫んで主を称えた。み使いは、次いでこう言われた。あなたたちは、ムスリムの数が天国の住民の三分の一にも達するのを喜ばしいことと思いませんか！　わたしたちはまた「アッラー、アクバル」と叫んで主を賛美した。み使いは、さらにこう言われた。わたしはあなたたちの数が、天国の住民の総数の半分にも達することを願っています。その理由は、不信者らの中の信仰者の数は、黒牛の体にある白毛、もしくは、白牛の体に生える黒い毛よりも多くはないからです。」[3]

アフマドおよびアッティルミズィーが、ブライダ・ブン・アルハスィーブからの預言者伝承として、次を伝えている。「天国の人たちは、一二〇列に並んでいる。そのうち八〇列は、われわれの共同体からの人たちである。」[4]

この伝承と「半分」としている伝承の間には矛盾はない。なぜならば、預言者（祝福を）は初め、天国の人たちの半分を希望されたが、称えられるアッラーはその希望をかなえられた後に、さらに六分の一を彼に与えられたのであった。

〈女性のほうが多いこと〉

天国には女性のほうが、男性よりもたくさんいるとされている。『二真正伝承集』にムハンマド・ブン・スィーリーンからの預言者伝承として、次のものが挙げられている。「ある人たちが自信ありげな様子で何かを話していた時、別の人たちは、天国では男性と女性のうちどちらがより多いかについて議論していた。その折、アブー・フライラ（嘉しを）は、アブー・カースィム（預言者）から聞かなかったのか、と言って預言者（祝福を）の言葉を次のように伝えた。

『天国に最初に入る人々の顔は、夜の満月のように輝く。その次に天国に入る者たちの顔は、空にきらめく星のように光っている。天国では凡ての人が二人の妻を持つが、その妻たちのすねの骨は、身体の肉を通してきらきら光る。天国には、妻を持たない者は誰もいない。』」(5)

この世の女性に関して言えば、目が大きくて美しい女性が大勢とは言えない。しかし天国の女性たちは目が大きくて美しく、次のようにアフマドはアブー・フライラから伝えている。

「天国の男性には、目が大きくて美しい二人の女性が妻としている。それぞれの女性は七〇の衣を着ており、彼女らのすねの骨はその衣を通してきらきら光る。(6)」

しかしながら他方では、ムスリムは次の預言者伝承を記しているので、上記と矛盾しているようにも見受けられる。「ことに天国の住民の中に女たちは少ない。(7)」要するに、天国ではこの世の女性は男性よりも少ないということである。(8)

注(1)　本章は校訂本第二九章、第三〇章、第三一章の摘訳。

（2）『ハディース』下巻、三一ページ、『日訳サヒーフ　ムスリム』第三巻、七一二ページ。

（3）『日訳サヒーフ　ムスリム』第一巻、一八二－一八三ページ、『ハディース』下巻、一三七ページ。

（4）アフマド伝承集二三〇〇、アッティルミズィー伝承集二五四九。

（5）『日訳サヒーフ　ムスリム』第三巻、七〇三ページ、『ハディース』中巻、一五三、一五四ページ。

（6）アフマド伝承集八五五〇。

（7）『日訳サヒーフ　ムスリム』第三巻、六二八ページ。

（8）この後、本来は地獄論だが、「天国の多くの住民は貧者で、地獄の多数の住民は女性である」という伝承に言及されている。校訂本一二七－一二八ページ。『ハディース』上巻、二八ページ「女性の忘恩」、中巻、一五二ページ、下巻、一四一ページ、『日訳サヒーフ　ムスリム』第一巻、六九ページ「信仰に欠ける女性について」参照。

10　審理なしで天国に入る人たち[1]

『二真正伝承集』には、アブー・フライラからの預言者伝承が上げられている。「喜びで満月の明るさのように顔を輝かせながら、七万人からなる私のウンマの集団が天国に入るだろう。」[2]また『二真正伝承集』には、サフル・ブン・サアドからの預言者伝承が上げられている。「私の共同体の集団七万人、もしくは七〇万人の者は、互いに手を取り、支えあいながら天国に入る。このときには、最初に天国に着いた者も、最後の者が到着するまで待って、共々同時に入って行くことだろう。彼らの顔は、喜びで満月の夜のように輝くことだろう。」[3]

ムスリムはイムラーン・ブン・フサインからの預言者伝承を伝えている。「『私のウンマの者七万人はなんら審理されることなく天国に入るだろう。』これに対し彼らが『どんな人たちですか、み使い様』と尋ねたところ、彼は『人を魔術にかけたり、不吉な預言をしたり、幻覚させたりすることなく、ひたすら主におすがりする人たちです』とお答えになった。」[4]

アタバ・ブン・アッスィルミーからの預言者伝承として、アッタブラーニーが伝えているのは次のとおりである。「偉大で崇高なアッラーは、次の約束を私にされた。それは私のウンマから七万人を審理なしで天国に入れるというものである。そして千人ごとに、七万人の仲介を許すという。それから称えあり崇高なアッラーは、三回手を打って進むように促されるのである。そうしたらウマルは、アッラー、アクバルと唱えてから、アッラーが仲介を許される初めの七〇人は、父母、息子たち、その部族であろうが、アッラーが私を最後の部類でいいので入れられるように望んでいる、と言った。（5）」

ちなみに次の質問をした人がいた。「アッラーは（復活のために）一掴みでされるのに、このような数の人を三回も促されるというのは、いったいどうなることなのでしょうか？」と。

それに対する回答は次のとおりであった。「称えられ崇高なアッラーは、（善人と悪人を右と左の手で）ふた掴みされる日に、彼らの姿と妖霊を取り出されるので、その時彼らは原子のように小さい。しかしアッラーに天国入りを促される日には、復活が完了し身体も整い、両手で何回か促されるのにふさわしい姿になっているのだ。（6）」アッラーこそ良くご存知である。

注（1）　本章は校訂本第三二章と第三三章の摘訳。

（2）　『日訳サヒーフ　ムスリム』第一巻、一七九ページ、『ハディース』下巻、一四一ページ。

（3）『日訳サヒーフ　ムスリム』第一巻、一八〇－一八一ページ、『ハディース』下巻、一四一ページ。
（4）『日訳サヒーフ　ムスリム』第一巻、一八〇ページ。
（5）アッタブラーニー、前掲書『中辞書』（四〇四）、『大辞書』（三一二）一二六－一二七。
（6）アブー・ヤアラー伝承集三七二三。本件伝承の伝承者の連鎖は良好とされる。校訂本一三七ページ、注二。

第３部

1　天国の土壌、泥、石、砂利や光、白さについて[1]

天国の建物は金と銀製で、その泥は麝香、その砂利は真珠とルビー、土壌はサフランでできている。アブー・フライラの言った事柄で、アフマド・ブン・ハンバルが次のように記している。「預言者よ、あなたを目にすると（あたかも）天国の住民としてわれわれの心は高鳴ります。しかしあなたを離れれば、この世のことがわれわれを惹きつけます。つまり女性や子供の匂いがしてくるのです。そこで預言者（祝福を）は言われた。『あなた方がそのような状態ならば、わたしは天使たちが大勢あなたがたに伴うようにするでしょう。かれらにあなた方の家を訪れるようにもするでしょう。そしてもしあなた方が罪を犯していないのならば、アッラーは赦しを与えるための罪人を連れてこられるでしょう。』次いでアブー・フライラは言った。預言者よ、天国について話してください、その建物はどんなですか？　そこで言われた。『一部は金、一部のブロックは銀、泥土は麝香、砂利は真珠とルビー、土壌はサフランでできている。入るものには喜びがあり、嫌な事柄は存在しない。すべてが永存し、死滅はない。衣類はほころびず、年は増えない。三種類の人たちにはいつもそこへの招待がかかっている。公正なイマーム、食事を取るまでの断食者、帰還のため雲で運ばれてくる被害者である。かれらのために天空の門は開かれ、アッラーは言われる。『私の誇りであり偉大な者たちよ、時間が経っているとしても、あなた方を勝利に導くであろう。』』[2]

『二真正伝承集』にアナス・ブン・マーリクからの伝承で、アブー・ザッルが伝えたものとして、次が上げられている。「私は天国に入ることを許されたが、そこには真珠のドームがあり、地面には麝香が敷き詰められていた。[3]」

アブー・サイード・アルフドリーが預言者（祝福を）から伝えた伝承に、次のものがある。「強力で偉大なアッラーはその自らの手で、アドンの楽園を創られた。その建物の一部は金で、一部のブロックは銀製だ。その泥土は香り高い麝香で、土壌はサフラン、砂利は真珠でできている。それから（天国に対して）話してくれ、と言われた。そうしたら、信者は喜悦していると答えた。そうすると天使たちは言った。諸王の館よ、なんと素晴らしいことよ、と。[4]」

〈白さと光〉

イブン・アッバースから伝えられた預言者伝承に、アブー・ナイームが言及している。

「アッラーは天国を白色に創られた。白色がアッラーの一番好まれる色である。だから生きている間も、死んだ後も白の衣服で身を包むように。[5]」

次にラキーズ・ブン・アーミル・アッタウィールの伝えている預言者伝承に言う。

「太陽も月も隠れてしまって、どちらも見えなくなった。そこで、預言者に対して、どうやって見るのでしょうか、と尋ねた。そうしたら、『それはあなたの両目にある視力によってです、と言うことは、それはあたかも太陽が昇り始めて、地面が一日を照らし出し、あるいは山々が一日に対面した時のようなものです。』と言われた。[6]」

イブン・マージャがその伝承集『スナン』で、ウサーマ・ブン・ザイドが預言者（祝福を）から聞いたところとして伝えているのは次のものである。「天国のことで忙しくしておられることでしょう。天国には危険はありません。カアバの主に掛けて、天国はきらきら光る光です。震えていて、そよそよとしたそよぐ香りです。堂々たる建造物です。滔々《とうとう》と流れる河です。熟した果実です。従順で美しい妻です。衣服は多数あり、均整の取れた館に永久の居場所があり、緑の果物もあり、幸福と喜悦があり、荘厳で高いところにあるのです。これに対して皆は、そうですか、預言者様、われわれは天国のことで頭が一杯です、と述べた。そうしたら、預言者様は、もしアッラーが望まれるならば、と言いなさい、と言われた。そこで全員で、アッラーのお望み次第です、と言った。[7]」

注

(1) 本章は校訂本第三四章と第三五章の摘訳。

(2) アフマド伝承集八〇四九。

(3) 『日訳サヒーフ　ムスリム』第一巻、一一八－一一九ページ、『ハディース』上巻、一一七ページ。

(4) アブー・ナイーム、前掲書、一四〇。伝承者にはイッディー・ブン・ファドルという信頼されていない者が入っているとある。校訂本一四一ページ、注一。

(5) アブー・ナイーム、前掲書、一二九。

(6) アフマド伝承集一六二〇六、アッタブラーニー、前掲書『大辞書』（四七七）二一三／一九。

(7) イブン・マージャ伝承集四三三二。

2　天国の建物と道のり[1]

〈天国の建物〉

館には天国と同様に、種類がある。クルアーンに言う。

「だが主を畏れる者に対しては、館の上に館の高楼があり、その下には川が流れる。」

（集団章三九・二〇）

つまり高くなった住まいがあるが、その上にはさらに住まいが設けられているということである。そしてこれは実際に建てられているということだ。「これらの者は、その耐え忍んだことにより高い階位の住まいをもって（楽園の中に）報われよう。」（識別章二五・七五）「信仰して善行に勤しむ者は、その行いの倍の報奨を与え、高い住まいが保証される。」（サバア章三四・三七）

アリーが預言者（祝福を）から聞いたとして、アッティルミズィーが伝承集に載せたのは次の言葉である。「天国には外が内部から見られ、内部が外から見ることができる城がいくつもある、と言われた。その時、砂漠のベドウィンが一人立って預言者（祝福を）に、それらは誰のためのものかと尋ねた。答えは、それらは使う言葉が良くて、食べ物を提供して、いつも断食して、人が寝ている夜も礼拝を欠かさない人たちのものだ、ということであった。[2]」

アブー・サイード・アルフドリーの伝えた預言者伝承として、『二真正伝承集』に次のようにある。「天国の人たちは城の人たちを、ちょうど東や西の空の方向に輝きながら移動する星を眺めるように仰ぎ見る。[3]」

同様に、『二真正伝承集』にはアブー・ムーサー・アルアシュアリーの伝えた次の伝承がある。「天国では、信者一人ずつに、穴のあいた一個の真珠によって作られた天幕が与えられるが、その広さは六〇マイルほどである。これは、信者一人に対して与えられるもの故、他の人々が見えないほど広々としており、信者は人々を捜すとき歩き回らねばならない。」[4]

またアルブハーリーの伝承集から、次のものをすでに引いた。「アッラーのためにマスジドを建立した人には、天国でその人のためにアッラーが家を建てるであろう。」[5]

アブー・フライラからの伝承として、イブン・アブー・アッドゥンヤーが伝えたものに次の預言者（祝福を）の言葉がある。「天国には真珠の城があって、そこにはひびも入らず弱っている所もない。強くて偉大なアッラーは、それをその友であり、預言者であるイブラーヒームのために作られたのだ。」[6]

『二真正伝承集』にはアナスの伝えた次の預言者伝承がある。「（夢で）私が天国に入り、そこで私はある金製の宮殿を見た。私は、この宮殿は誰のものですか、と尋ねた。すると彼ら（天使たち）は、それはクライシュ族の若者のものです、と言った。私はその若者とは自分のことかと思ったが、それは誰のことかと問い質した。そうするとそれは、ウマル・ブン・アルハッターブのものですと答えた。」[7]

ムギース・ブン・スンマーの伝える預言者伝承に次のものがある。「天国には、金の城、銀の城、真珠の城、ルビーの城、緑の宝石（貴《き》橄欖《かんらん》石《せき》）の城がある。」[8]

〈家への道をよく知っていること〉

天国の人々は、創造されたときからそこに住んでいるかのように、自分の家や住まいに導かれて行き、決して過ちを犯さない。イブン・アッバースが言っている。「本当に彼らは金曜日に集まる人たちよりも、自分の住まいに帰る道を知っている。」

クルアーンに言う。

「およそアッラーの道のために戦死した者には、決してその行いを虚しいものになされない。かれは、かれらを導きその状況を改善なされ、かねて告げられていた楽園に、かれらを入らせられる。」（ムハンマド章四七・四―六）

最後の「かれらを入らせられる」については、イブン・ウバイダが解説している。

「それはかれらに説明して、案内なくしてわかるようにした、という意味だ。」

アブー・フライラは預言者から聞いたとして、次のとおり伝えている。「真理をもってわたしを遣わせられた方に掛けて、あなたがたはこの世での妻や家のことを、天国に行く人たちがそこでかれらの妻や家のことを知るほどには、知ることはないだろう。」(9)

注

(1) 本章は校訂本第三六章と第三七章の摘訳。

(2) アッティルミズィー伝承集一九八五、二五二九。

(3) 『日訳サヒーフ　ムスリム』第三巻、七〇一－七〇二ページ、『ハディース』中巻、一五四ページ。

(4) 『日訳サヒーフ　ムスリム』第三巻、七〇五ページ、『ハディース』中巻、六五二ページ。

(5) 『日訳サヒーフ　ムスリム』第一巻、三六一ページ、『ハディース』上巻、一四一ページ。

(6) イブン・アビー・アッドゥンヤー、前掲書、一七一。

(7) 『日訳サヒーフ　ムスリム』第三巻、三八九ページ、『ハディース』下巻、二六八ページ。ただし預言者から直接にこの言葉を聞いたのはアナスではなく、ジャービル・ブン・アブドゥッラーとなっている。

(8) イブン・アビー・アッドゥンヤー、前掲書、一七七。

(9) アブー・ナイーム、前掲書、二八七。伝承者の連鎖は弱い。校訂本一五〇ページ、注二。

3　天国に入る方法とその住民について[1]

天国へ人々は、集団で入る。クルアーンに言う。「またかれらの主を畏れた者は、集団をなして楽園に駆られる。」（集団章三九・七三）

「その日、われは主を畏れる者を（名誉の）使節を迎えるように慈悲深き御方（の御許）に集め、」（マルヤム章一九・八五）

『二真正伝承集』にサフル・ブン・サアドからの預言者伝承として言う。「私のウンマの集団七万人、もしくは七〇万人の者は、互いに手を取り、支えあいながら天国に入る。このときには、最初に天国に着いた者も、最後の者が到着するまで待ち、共々同時に入って行くことだろう。彼らの顔は、喜びで満月の夜のように輝くことだろう。」[2]

右の「その日、われは主を畏れる者を（名誉の）使節を迎えるように慈悲深き御方（の御許）に集め、」という言葉に関して、イブン・アビー・アッドゥンヤーはアンヌウマーン・ブン・サアドが次のように述べたとしている。「アッラーはかれらを集団で歩いてくるようにはされない。誰も見たことがないようなラクダに乗ってくる。その上の鞍は金製で、手綱は宝石でできている。そして天国の門まで来るのである。」

同じくイブン・アビー・アッドゥンヤーは、アリー（嘉しを）からの預言者伝承として、同じマルヤム章の句に関して質問した時の預言者（祝福を）の回答ぶりを次のように伝えている。

「啓示を受けたところによると、彼らは墓から出ると白いラクダで迎えられて、そのラクダには翼があり黄金の鞍が乗せられている。鞍の紐はきらきら輝き、その一歩一歩は視野の限界まであり、そして天国の門までやってくる。それは金の板でできており、赤色のルビーの取っ手が付いている。そして門近くには下から二つの泉が湧いている樹木がある。その一つの水を飲むと、人々の顔は喜びに満ちる。もう一方で洗浄すると、彼らの髪は絶対乱れない。次いで門の取っ手を叩くと、その音を聞きつけて、それぞれの女性にはその夫が到着したことがわかる。そうしたら急いで彼女らの守護者を送って、門を開けさせる。

そのときに、もしもその守護者である偉大で尊崇されるアッラーが自己紹介をしなければ、入ってくる人はその光と荘厳さのあまり、そこにひれ伏し拝み始めるだろう。

だがアッラーは自ら、自分はあなたのことを任せられた守護者です、と言われるので、人々は従ってその後ろに立っていると、そこへ妻の女性が入ってくるという手順である。

妻は天幕から出てきて、夫の首にすがりながらあなたは私の愛で、私はあなたの愛です、私は嬉しいので怒ることはなく、喜悦は退屈さに変わることなく、永久に離れない、と言う。入る家は床から天上まで一〇〇腕尺（約五〇メートル）あり、それは真珠とルビーの石の上に建てられ、高椅子があり、また寝台があり、その上には七〇のマットがあり、その上には七〇人の女性がおり、その各人の上には七〇の服があり、彼女らのすねの骨は皮膚の下から見え、彼女らと一晩過ごす。その下には川が流れ、その水には穢れはなく腐敗もなく澄んでおり、蜂の腹を出ていないような純な蜂蜜が入り、飲む人に美味であるが、男たちの脚で搾り出したようなものではない酒でできており、家畜の腹を出ていないような味のする乳でできている。そして空腹になったならば、鳥たちがやってきて翼を上げるので、そのうちどれであれ食べ始める。その後で残った鳥たちは飛び立って行く。また果実はぶら下がっており、欲しければその枝を引き寄せて、立ちながら、あるいは肘を突きながら好きな果実を食べる。

クルアーンに言う。『かれらは、錦を張り詰めた寝床の上に寄り掛かり、楽園の果実は近く（手の届く所）にあろう。』（慈悲あまねく御方章五五・五四）かれらの側には真珠のような侍女たちがいる。[3]」

アブー・フライラからの預言者伝承として、アフマドが伝えているのは次のとおりである。「アッラーは、ご自身の表徴として六〇腕尺ほどの背丈のアーダムをお創りになった。その時、アッラーはアーダムに、行ってあの人々に挨拶しなさいと言われたが、それは、そこに座っていた一群の天使たちであった。アッラーは次いで、彼らがお前に答える言葉をよく聞きなさい、なぜなら、それらはお前やお前の子孫たちの挨拶方法となるからです、と言われた。アーダムが彼らの所に行って、平安を、と挨拶した時、天使たちは、あなたにも平安とアッラーのお慈悲があらんことを！　と言って答えた。彼らは、アッラーのお慈悲、という言葉を加えたのである。天国に入るものは、すべてアーダムと類似し、背丈が六〇腕尺もあったが、この後、人々の大きさは縮小しつづけ、今日見るような状態になった。[4]」

アナス・ブン・マーリクから伝えられた預言者伝承として次のものがある。

「天国の人たちはアーダムのようで、三十三歳（一番の壮年）で、裸で葉っぱもなく、目の上が黒くなって（美男子）復活させられるが、その後で樹木の下へ連れて行かれて、そこで身を蔽わせられる。その衣は古くならず、かれらの年齢も重ねない。」[5]

天国の人たちの間には、相違点も係争点もない。かれらの心は一人の男の心のようで、朝な夕なにアッラーを称えている。また崇高なアッラーは天国の女性たちを土砂のようだと言われた。その意図は、全員が一つの年齢であり、その中には年寄りも若いもないのである。以上のような広さと幅で、また溢れる知恵の年齢でもって、美味しいところをすべて堪能できる完璧な姿になっているのだ。それが一番力の湧いてくる年頃でもある。

注（1）本章は校訂本第三八章と第三九章の摘訳。

（2）『日訳サヒーフ　ムスリム』第一巻、一八〇－一八一ページ、『ハディース』下巻、一四一ページ。

（3）イブン・アビー・アッドゥンヤー、前掲書、七、アブー・ナイーム、前掲書、二八一。ただし以上の伝承については、以下のコメントが入っている。「伝承者が一人の稀有な（ガリーブ）部類であり、また伝承者の連鎖には弱点があるので注意。アリーで連鎖は止まっている（マウクーフ）というのが一般の理解である。」校訂本一五二ページ。

（4）『日訳サヒーフ　ムスリム』第三巻、七〇六－七〇七ページ、『ハディース』中巻、一ページ、下巻、六九ページ。

（5）アブー・ナイーム、前掲書、二五五。

4　天国で一番身分が高い人と低い人、その貴重品について[1]

天国で一番高い位階にいるのは、アーダムの子孫である預言者ムハンマド（祝福を）である。クルアーンに言う。

「われは、これらの使徒のある者を外の者より以上に遇した。かれらの中である者には、アッラーが親しく御言葉をかけられるし、またある者は位階を高められた。」（雌牛章二・二五三）

ムジャーヒッドほか多くの人が次のように述べている。「アッラーが語りかけられたのは、ムーサー（平安を）であった。またより高い位階を授けられた者もいたが、それはムハンマド（祝福を）であった。」

異論のない夜の旅に関する預言者伝承として、次のものが伝えられている。ムーサーを（預言者ムハンマドが）越した時にムーサーは言った。「主よ、私よりも高い位階に据えられる人が出るとは思いませんでした。こうして自分よりも（ムハンマドは）高い位階に誘われたが、そのことはアッラーのみが事情をご存知で、スィドラの木まで到着したのであった。[2]」

イブン・ウマルが預言者（祝福を）から聞いたという伝承をアッティルミズィーが伝えている。「天国で一番位階の低いのは、その人の楽園、妻たち、自らの喜び、侍女たち、寝台などをこれから一千年間の居所としようとする人たちである。アッラーの覚えが最も良いのは、朝な夕なにアッラーの尊顔を仰ごうとする人たちである。そして預言者（祝福を）は次の啓示の言葉を読まれた。『その日、ある者たちの顔は輝き、かれらの主を、仰ぎ見る。』（復活章七五・二二、二三）[3]」

アナスが預言者（祝福を）から聞いた伝承として、アルブハーリーは次のものを伝えている。「アブドゥッラー・ブン・サラームは畑で実を摘んでいる時、神の使徒の到着を聞いたので、早速彼の所へ行き、『預言者以外誰も知らない三つのことについてお尋ねします。第一に、世の終わりの時の最初の前兆は何ですか。第二に、天国の人々の最初の食べ物は何ですか。第三に、なぜ子供はその父または母に似るのですか』と質問した。

そこで預言者が『かつてジブリールがそのことについて私に告げた』と言うと、アブドゥッラーは『ジブリールですか』と聞き、預言者が『そうだ』と答えた時、彼は『でも、ジブリールは天使たちのうちでユダヤ人の敵です』と言った。このとき預言者は『何ものぞ、ジブリールに敵するは。そのような人は神の敵。なぜなら、ジブリールこそアッラーのお許しを得て、汝の心にクルアーンをもたらし、それに先行するものの確証たらしめ、かつ信仰厚き人々のための導きとなし、喜びの訪れとなした者であるぞ』（雌牛章二・九七）と唱えて後、『世の終わりの時の最初の前兆は何かと言うと、それは人を東から西へ集める火であり、天国の人々の最初の食べ物は魚の肝の瘤である。そしてなぜ子供が父または母に似るかについては、夫が妻より先に射精する時子供は父に似て、妻が先の時は、子供は母に似るのだ』と言った。これを聞いてアブドゥッラーは

『アッラーの外に神はなく、あなたは神の使徒であることを証言いたします。神の使徒よ、ユダヤ人は悪意に満ちた人たちで、もし彼らがあなたにわたしのことを尋ねる前に、わたしがムスリムになったことを知るならば、彼らはわたしを中傷するでしょう』と言った。

やがてユダヤ人がやって来たので、預言者が『アブドゥッラーはあなた方の中でどういう人か』と尋ねると、彼らは『われわれの中で最もよい人、そしてもっともよい人の子、またわれわれの長、そして長の子です』と答えた。そこで次に預言者が『もし彼がムスリムになったとすれば、どう思うか』と尋ねられると、彼らは『神が彼をそのようなことから守りたまえ』と叫んだ。このときアブドゥッラーが進み出て、『アッラーの外に神はなく、ムハンマドは神の使徒であることを証言する』と叫ぶと、ユダヤ人たちは『われわれの内の最も悪い者、そして悪い者の子』と叫んで彼を罵った。そこでアブドゥッラーは『神の使徒よ、これこそ私の恐れていたことです』と言った。[4]」

カアブが次を聞いた。「強くて偉大なアッラーは、天国の人たちが入ってきた時に言われる。客人一人一人に対して、食用のラクダがあるが、今日はそれをわたしがさばきましょう、だからあなたがたは牛と魚を持ってきてください。それらも天国の住民にさばかれる。」[5]

注

（1）本章は校訂本第四〇章と第四一章の摘訳。

（2）『ハディース』下巻、三九二ページ。

（3）アッティルミズィー伝承集二五五六、三三二七。

（4）『ハディース』中巻、一六六－一六七、三四九－三五〇、五〇七－五〇八ページ。

（5）イブン・アビー・アッドゥンヤー、前掲書、一一〇。

5　天国の香りと告知について[1]

〈天国の香り〉

天国の香りには二種類ある。一つはこの世にもあるが、下僕にはわからないで天使たちが時々匂いをかいでいるものである。もう一つは、花の香りのように肉体的に嗅覚でかいでいる匂いである。これはあの世でも天国の住民が近く、あるいは遠い所からかいでいるものである。

他方（前者に関して）地上では、アッラーのお望みに従って、預言者や使徒たちがかいでいることもある。それについては、アッティルミズィーがアブー・フライラからの預言者（祝福を）の言葉として次の伝承を伝えている。「アッラーとその預言者に掛けて和を結んだ相手を殺した人は、アッラーのご加護を反故にしたことになり、天国の香りは七〇年掛かる距離からも匂うほどに強いのに、その人にはその香りは届かないのだ。[2]」

アッタブラーニーはアブー・ブクラが預言者（祝福を）から聞いた伝承として次のものを伝えた。「天国の香りは、百年掛かる距離からも匂う。[3]」

〈告　知〉

アブー・サイード・アルフドリーとアブー・フライラ（両名にアッラーの嘉しを）が預言者（祝福を）から聞いたところとして、ムスリムは次を伝えている。「天国には、告知役の者がいて、次のように知らせる。『まことにあなたたちには永遠の健康が与えられ、決して病気になることはない。また、あなたたちは永遠に生きつづけ決して死ぬことはない。さらにあなたたちは若さを保ちつづけ、決して老いることはない。またさらに、豊かな恩恵を授けられ、決して困窮することはない。』これに関して、アッラーは次のように啓示された。『これが楽園である。あなたがたは（正しい）行いのためにここの移住者となれたのである。』（高壁章七・四三）[4]」

またさらに、スハイブが預言者（祝福を）から聞いたところを、次のようにムスリムは伝えている。「天国の住民たるにふさわしい者らが入ってきたとき、アッラーは『何かもっと望むものはないか』とお尋ねになるだろう。これに対しかれらは、『私たちの顔を喜びで輝かしてくださったではありませんか。天国に私たちを入らしめ、地獄から私たちを救ってくださったではありませんか』と言って感謝するだろう。アッラーはベールをお上げになって人々にそのお姿をお見せになるが、アッラーから与えられるものの中で、そのお姿を拝すること以上にかれらにとって有り難いことはないであろう。[5]」

アブー・ムーサー・アルアシュアリーは次のようにクルアーンの一節について言っている。「アッラーが、『善行をした者には、素晴しい報奨があり、また追加もある。』（ユーヌス章一〇・二六）と言われた意味は、素晴らしい報奨というのは天国入りで、追加とはアッラーの尊顔を仰ぐということである。[6]」

『二真正伝承集』には、イブン・ウマルが預言者（祝福を）から聞いたところとして、次の伝承がある。「アッラーは天国に入るべき者らを天国に入らしめ、地獄に入るべき者らを地獄に入らしめた。その後、告知役の者が、かれらの間に立って、『天国の住民たちよ、お前たちには、死はない。地獄の住民たちよ、お前たちには、死はない。お前たちすべての者は、そこで永遠に過ごすことだろう。』と告げる。[7]」

注

（1）本章は校訂本第四二章と第四三章の摘訳。

（2）アッティルミズィー伝承集一四〇三。

（3）アッタブラーニー、前掲書『中辞書』四三三、二九四四。この他校訂本には、五百年、あるいは五千年かかる距離からも香る、とする伝承も掲載されている。校訂本一六三ページ。

（4）『日訳サヒーフ　ムスリム』第三巻、七〇五ページ。

（5）『日訳サヒーフ　ムスリム』第一巻、一四二ー一四三ページ。

（6）アッダールコットニー伝承集四四。

（7）『日訳サヒーフ　ムスリム』第三巻、七一〇ー七一一ページ。

6 天国の樹木、庭園、影、果実について[1]

天国には樹木、庭園、果実がある。それらに関して、クルアーンには次のようにいろいろに出てくる。「右手の仲間、右手の仲間とは何であろう。（かれらは）棘のないスィドラの木、累々と実るタルフの木（の中に住み）、長く伸びる木陰の、絶え間なく流れる水の間で、豊かな果物が絶えることなく、禁じられることもなく（取り放題）。」（出来事章五六・二七―三三）「枝を張る木々」（慈悲あまねく御方章五五・四八）「そこには種々の果実、ナツメヤシもザクロもある。」[2]（同章五五・六八）「二つの園の中には、二つの泉が（滾々《こんこん》と）涌き出ている。」（同章五五・五〇）

『二真正伝承集』にアブー・フライラが預言者（祝福を）に聞いた言葉として、次が記されている。「天国にはその陰をラクダの乗り手が百年間も歩き続けられるほどの一本の木がある。読め、『長く伸びる木陰の、』（出来事章五六・三〇）と。」[3]

アブー・フライラからの預言者伝承として、アッティルミズィー、アフマド、イブン・マージャらも記している。「私の下僕のために、まだ目で見たことのないもの、耳で聞いたことのないもの、あるいは人の心に浮かんだことのないものを準備した、とアッラーは言われている。次の啓示にもある。『かれらはその行ったことの報奨として、喜ばしいものが自分のためにひそかに（用意）されているのを知らない。』（アッサジダ章三二・一七）また天国にはその陰をラクダの乗り手が百年間も歩き続けられるほどの一本の木がある。読め、『長く伸びる木陰の、』（出来事章五六・三〇）と。あの世の鞭の場所はまだこの世とその中にあるものよりも良い。読め、『業火から遠ざけられた者は、楽園に入れられ、確実に本望を成就する。』（イムラーン家章三・一八五）[4]」

アブー・アルフドリーは次の伝承を伝えている。「ある男が預言者（祝福を）に尋ねた。安心大悟（トゥーバー）は、あなたを見た人で、あなたを信用した人たちのためか？答えて言われた。私を見て、私を信用したもののためだ、トゥーバー、そしてトゥーバー、それから私を信用し、私をまだ見ていない人のためにトゥーバーがある。そこで男は尋ねた、トゥーバーとは何か？　預言者（祝福を）は答えて言われた。それは天国の樹木で、百年掛かる所にある。その木の花弁から天国の人たちの衣類を作るのだ。[5]」

イブン・アッバースから伝えられた伝承には、次のようにある。「天国のナツメヤシの幹は、緑のエメラルドでできている。枝の根本は赤色の金製で、葉は天国の住民の衣類となる。切れ布や服を作る。その実は貴重でその独特のバスケットに入れられ、乳より白く、蜜より甘く、バターよりも柔らかく、種はない。[6]」

天国の果実は多くの種類がある。クルアーンに言う。「信仰して善行に勤しむ者たちには、かれらのために、川が下を流れる楽園についての吉報を伝えなさい。かれらはそこで、糧の果実を与えられる度に、『これはわたしたちが以前に与えられた物だ。』と言う。かれらには、それほど似たものが授けられる。」（雌牛章二・二五）

イブン・マスウードとイブン・アッバースは次の預言者伝承を伝えている。「似たものとは、色や形が似ているということで、味は異なっている。」

ムジャーヒッドも伝えている、「色は似ているが、味わいは異なる。」と。

ヤハヤー・ブン・アビー・カスィールは言う。「天国の草はサフランで、砂は麝香。少年二人が果実を持って回り、自分でも食べまた人にも渡す。そして人たちは言う、『これは以前に持ってきてくれたのと同じだ。』それに対して少年は、『色は同じでも味わいは違います。それについては、クルアーンに次のようにある。』（上記の雌牛章二・

二五）[7]」

私は本件については、次のように言っている。[8]「クルアーンに言う。『かれらはそこで平安に、凡ての果実を求められ、』（煙霧章四四・五五）

この節は彼らが果実に欠乏したり、不利になることがないことを意味している。またクルアーンに言う。『絶えることなく、禁じられることもなく（取り放題。）（出来事章五六・三三）』その意味は、果実があるかないかは時によりけりというわけではないし、またそれを欲したものに与えられないということはないという内容である。クルアーンにさらに言う。『こうしてかれは至福な生活に浸り、高い（丘の）園の中で、様々な果実が手近にある。』（真実章六九・二一－二三）」

ちぎり取るのに困らないほど、それを欲する人に果実は低く近いところにあるのだ。だから立っていても、座っていても、あるいは横になっていても好きなように取れるという寸法である。クルアーンに言う。

「またそこでは、凡ての種類の果実と、主からの御許しを賜わる。」（ムハンマド章四七・一五）」

さて、サウバーンが預言者（祝福を）から聞いたとして、アッタブラーニーが伝えた伝承に次のものがある。「天国から果実を根こそぎとっても、別の場所からまた生えてくるのである。」[9]

注

（1）本章は校訂本第四四章と第四五章の摘訳。

（2）さらに消息章七八・三二には、ブドウも言及されている。

（3）『日訳サヒーフ　ムスリム』第三巻、七〇〇ページ、『ハディース』中巻、一五四、六五二ページ。

（4）アッティルミズィー伝承集三一九五、イブン・マージャ伝承集四三二八、アフマド伝承集八一四九、八八三五、九二九〇、四九〇〇、九六五五。少し前に訳注者の記した傍線部分は、校訂本序言でも言及された個所で、天国を語る際に最もしばしば使用される表現である。

（5）アフマド伝承集一一六七三。

（6）アブー・ナイーム、前掲書、三五四、イブン・アビー・アッドゥンヤー、前掲書、五〇。

（7）アブー・ナイーム、前掲書、三五三。

（8）校訂本一七五ページ。

（9）アッタブラーニー、前掲書『大辞書』（一四四九）一〇二／二。

7　天国の川、泉、その種類について[1]

天国には川や泉がある。クルアーンに言う。「恐らく主は、あなたがたの様々な悪を払い、川が下を流れる楽園に入らせるであろう。」（禁止章六六・八）

このような言葉はクルアーンに何回もくり返されるが、それは天国には本当に川があって、それは止まらずに流れていて、館や城や庭の下にあることを意味している。

さらにクルアーンに言う。「そこには二つの泉が涌き出ている。」（慈悲あまねく御方章五五・六六）「二つの園の中には、二つの泉が（滾々と）涌き出ている。」（同章五五・五〇）

称えあるアッラーは、いくつかの種類の川を創られたと、クルアーンにある。「主を畏れる者に約束されている楽園を描いてみよう。そこには腐ることのない水を湛える川、味の変ることのない乳の川、飲む者に快い酒の川、純良な蜜の川がある。」（ムハンマド章四七・一五）

称えあるアッラーはこのように四種類の川に言及されて、それらにはこの世で見られるような病根はないとされたのである。まず水は長く滞留していると腐りはじめるし、乳は酸っぱくなるし、酒は飲むのも嫌になるような変な味になるし、蜜は不純になる（しかし天国のはそうならない）。そしてこれらの四種類が集まるようにされたのは、それが人にとって最善の飲み場となるようにということだが、清浄で、力と栄養になり、味わいと喜びになり、治癒と功徳となるためである。

天国の川は一番高いところで湧き出て、そこから低いところへ流れ落ちる。アルブハーリーはアブー・フライラが預言者（祝福を）から聞いたものをその預言者伝承集に伝えている。「天国には、アッラーが神の道に戦った人たちのために備えた百の階段があり、その各々の隔たりは天と地の間の開きがある。だから、アッラーにお願いする時は、フィルダウスを求めなさい。これは天国の中心の最も高いところで、その上に慈悲深い神の玉座があり、そこから天国の川が流れ出ているのだから。[2]」

同様にアルブハーリーはアナスから伝えている。「天国を行くと、そこに川が流れていた。その両側には空洞の真珠のドームがあった。そこで天使のジブリールにそれは何かと尋ねた。彼は言った。あなたの主が与えられたカウサルという川です。そして彼はその手でそれを叩くと、その土壌は香りの良い麝香であった。」[3]

アブドゥッラー・ブン・ウマルからの預言者伝承に言う。「カウサルと言う天国にある川の両岸は黄金でできており、川床は真珠とルビーででき、その土壌は麝香よりも良い香りで、水は蜜よりも甘く、雪よりも白い。」[4]

ムスリムの伝承集『サヒーフ』には、アブー・フライラの聞いた伝承として次のとおりある。「サイハーン河、ジャイハーン河、ユーフラテス河、ナイル河は、すべて天国にある河である。」[5]

クルアーンに言う。「われは天から適量の雨を降らせ、それを地中に止まらせる。」

（信者たち章二三・一八）

イブン・アッバースが預言者（祝福を）から聞いた伝承に次のものがある。「天国にはアルバイドゥフと呼ばれる川がある。その上にはルビーで出来たドームがあり、その下には美しい女性がいる。天国の人たちは、一緒にアルバイドゥフに行こうというので、そこへ行って女性たちを眺めていた。そうするとその中の一人の女性に感心して、ある男がその手首に触ったところ、その女性は男に付いて行った。」[6]

そして天国の泉について、クルアーンに言う。[7]「だが主を畏れ（敬虔であっ）た者は、楽園と泉に（住み）、」（撒き散らすもの章五一・一五）「（信者の）善行者は、カーフール（樟脳）を混ぜた杯（の飲料）を飲むであろう。アッラーの僕たちが飲む泉のことで、われは思いのままに滾々と涌き出させる。」（人間章七六・五、六）「かれらはそこで、ザンジャビール（生姜）を混ぜた杯の飲物を与えられよう。そこにサルサビールと名付けられる泉がある。」（同章七六・一七、一八）「それにはタスニーム（という名の泉）が混ぜられよう。（アッラーに）近い者たち（善行者）は、その泉から飲もう。」（量を減らす者章八三・二七、二八）

称えあるアッラーは、天国の泉には川と同様に、種類がいろいろあるとされている。つまりカーフール（樟脳）の泉、ザンジャビール（生姜）の泉、タスニームの泉およびサルサビールの泉などである。それぞれに独特の味わいがある。また独特の香りもしているのである。

注（1）　本章は校訂本第四七章の摘訳。なおその前の第四六章には、天国における農業に関する

預言者伝承（『ハディース』下巻、三九三－三九四ページ）が引用されている。伝承で農業が扱われるのは珍しいし、またベドウィンの言葉に預言者（祝福を）が大笑いされたとあるのも珍しい。

（2）『ハディース』下巻、三六三－三六四ページ。

（3）『ハディース』中巻、六八五ページ。

（4）アッティルミズィー伝承集三三五八、アフマド伝承集五九二〇など。

（5）『日訳サヒーフ　ムスリム』第三巻、七〇六ページ。

（6）アブー・ナイーム、前掲書、三二四、イブン・アビー・アッドゥンヤー、前掲書、六九。

（7）この章の以下に述べられる天国の泉については、小項目を設けて特筆されている。校訂本一八六－一八八ページ。

8　天国の人たちの食べ物、飲み物について[1]

天国の住民は飲んだり食べたりするが、アッラーはその信者で敬虔なものに対して言われた。「主を畏れる者は、本当に（涼しい）影と泉の間にいるだろう。かれらが欲する、凡ての果実（を得る。）『心の底から満足して食べかつ飲め、あなたがた（の善い）行いに対して。』」（送られる者章七七・四一－四三）「こうしてかれは至福な生活に浸り、高い

（丘の）園の中で、様々な果実が手近にある。『あなたがたは、過ぎ去った日（現世）で行った（善行の）ために、満悦して食べ、かつ飲め。』」（真実章六九・二一－二四）「主を畏れる者に約束されている楽園について言えば、川が下を流れ、常に果実が実り、日陰に隠れている。これが、かれら主を畏れる者の結末である。だが不信者の結末は火獄である。」（雷電章一三・三五）「またわれは果物、肉、その外かれらの望むものを与えよう。」（山章五二・二二）「かれらは、封印された純良な酒を注がれる。その封印は麝香《ジャコウ》である。これを求め熱望する者に熱望させなさい。」（量を減らす者章八三・二五、二六）

　サイド・ブン・アルカムが預言者から伝えた伝承として、アフマド『ムスナド』とアンナサーイー『スナン』にあるのは次のとおりである。「信者の一人が預言者（祝福を）のところへ来て尋ねたのは、天国の人々は飲み食いするのですか、ということであった。回答は、『誓って言うが、そのとおり、一人に対して飲食、性交、意欲の点で百人分の力が出るものを与えられるだろう。』というものだった。さらに質問して、それならば天国では、飲みたい放題、食べたい放題でかまわないのでしょうか、と尋ねた。答えは、『人の食欲はその人の皮膚から放出される麝香の香りのようなもので、その人の腹はやがて空いてくる。』というものだった。[2]」

クルアーンに次の言葉がある。「種々の鳥の肉は、かれらの好みのまま。」（出来事章五六・二一）

この一句に関して、カターダが預言者（祝福を）からの話として伝えたのは次のとおりである。「アブー・バクルが預言者に対して、天国の鳥は喜び、天国の人々も喜悦に満ちているのでしょうか？　と尋ねたのに対して、預言者が言われたのは、次の言葉であった。『それを食べるものは、天国の中でも喜びの一番大きい者である。それは（大きな鳥で）ラクダのようなものだ。アブー・バクルよ、わたしはアッラーに対してあなたがそれを食べられるようにお願いしておこう。』と。[3]」

天国の人々の飲料については、それは乳、蜜、酒、水などの他多数ある。それらにはそれぞれの違った味わいがある。[4] これほどさまざまあることをまとめると、以下のように言える。僕に対してアッラーが考えるようにと命じられた事柄が、種々の印として示されている。それらの印は、アッラーの完璧な能力と知識、願望、知恵、権能、ならびに唯一なる神性を示している。そうしてから、あの世である天国と地獄の事柄を想起すると、以上の印はそれらの証明でもあることがわかるはずだ。灯明は一つ、主は一つ、創造者は一つ、主権は一つということもはっきりする。そして不信者の輩を遠ざけるように。[5]

注

（1）本章は校訂本第四八章の摘訳。

（2）アフマド伝承集一九二八九、一九三三三、イブン・アビー・アッドゥンヤー、前掲書、一一一、アブー・ナイーム、前掲書、一一六／八。

（3）イブン・アビー・アッドゥンヤー、前掲書、三二八。

（4）このほか校訂本一九二―一九四ページには、種々の議論が出ている。たとえば、サルサビールと呼ばれる泉の語源論（滑らかさ、サラーサ、から来ている、あるいはそれは、道のりをたどる、サッラ・サビーラン、から来ているなど）、あるいは肉を焼くための火が天国にないのではないか、それなら肉は焼かなくても食べるために熟するのかといった議論である。それらは具体的な話題として興味が惹かれるにしても、クルアーンや真正な預言者伝承の根拠に欠けている点が共通している。ここでも摘訳から一括割愛した理由である。

（5）種々の議論紹介の後、校訂本一九四ページの最後の締めの言葉である。

9　天国の食器、衣類、装飾品、家具類、召使について[1]

〈食　器〉

天国の人たちの皿や杯や水差しや盃は黄金でできている。クルアーンに言う。「かれらには数々の黄金の皿や杯が、次々に回され」（金の装飾章四三・七一）

銀製品については次のようにある。「銀の水差しとガラスの杯は、かれらの間に交わされよう。ガラス（の杯と見えたの）は銀で造られていて、かれらは好みの量をそれに満たす。」（人間章七六・一五、一六）「永遠の（若さを保つ）少年たちがかれらの間を巡り、（手に手に）高杯や水差し、汲みたての飲物盃（を捧げる）。」（出来事章五六・一七、一八）

これらのうちの、皿は平らで広いもので、杯は手が付いていないで上部は丸くなっている。水差しは飲み物を注ぐためのもので胴体がある。またガラスの杯はガラス製ではなく天国のものは銀製であるが、ガラス製のように透明になっている。イブン・クタイバは言っている。「川、寝台、家具、杯など天国のものは凡て、僕が作ったものとは異なっている。」

アブー・ムーサー・アルアシュアリーが預言者から聞いた伝承を、『二真正伝承集』が次のように伝えている。「天国には、中に銀が詰まった銀製容器のある二つの庭園と金の詰まった金製容器のある二つの庭園とがある。アドンの園で主を拝そうとする人々の前には、主の玉顔を覆う壮麗な外衣が見られることだろう。」[2]

またフザイファ・ブン・アルヤマーンが預言者（祝福を）から聞いた伝承を、『二真正伝承集』に次のように伝えている。「金や銀の器で飲んではならぬ。また錦織や絹の衣服を着用してもならぬ。それらはこの世においては彼ら（不信者）のためにあるが、復活の日以降は、来世にてあなたがたのものとしてあるのだ。」[3]

〈衣　類〉

クルアーンに言う。「絹や錦を纏い、互いに向かい合って、」（煙霧章四四・五三）「川が下を流れ、そこで黄金の腕輪で身を飾り、美しい緑色のスンドゥス（絹）の長い衣や、厚いイスタブラク（錦）を装い、」（洞窟章一八・三一）

クルアーン解説者たちは言う。スンドゥスとイスタブラクは、絹の一種であり、最良

の色が緑で、最も柔らかい衣類が絹製である、と。「衣装はそこでは絹であろう。」（巡礼章二二・二三）

『二真正伝承集』に（ウマル・ブン・アルハッターブの言葉として）次を伝えている。「アッラーのみ使いは、絹の衣服を着用してはならぬ。現世でそれを着た者は来世でそれを絶対に着られぬ、と申された。[4]」

〈装飾品〉

クルアーンに言う。「その中でかれらは、黄金の腕環と真珠で身を飾り、」（創造者章三五・三三）

イブン・アビー・アッドゥンヤーはカアブからの伝承として、次を上げている。「強くて偉大なアッラーは、一日が創造されて以来主権者であり、天国の人たちの装飾は最後の審判の日まで造られてきた。しかし天国の人たちの装飾が外に出されて、太陽の光とともになくなってしまう時には、その後から天国の人たちの装飾を求めてはならない。[5]」

イブン・アビー・アッドゥンヤーはその父親が、イブン・アッバースが次のとおり言うのを聞いたとして、その伝承を上げている。「（質問に対して）そこには樹木があって、ザクロのような果実がなっている。もしアッラーの支持者が衣を望んだらば、そこへ行きその枝を掃うだろう。そしていろいろな色をした七〇種類の衣服を作るだろう。そしてそれからそれらを試着して、もとあったままに戻すであろう。[6]」

アブー・サイード・アルフドリーから伝えられた預言者伝承として次のものがある。

「ある男が預言者（祝福を）に尋ねた。安心大悟（トゥーバー）は、あなたを見た人で、あなたを信用した人たちのためか？　答えて言われた。私を見て、私を信用したもののためだ。トゥーバー、そしてトゥーバー、それから私を信用し、私をまだ見ていない人のためにトゥーバーがある。そこで男は尋ねた、トゥーバーとは何か？　預言者（祝福を）は答えて言われた。それは天国の樹木で、（到着するのに）百年かかる所にある。その木の花弁から天国の人たちの衣類を作るのだ。[7]」

〈家具類〉

クルアーンに言う。「かれらは、錦（イスタブラク）を張り詰めた寝床（フルシュ）の上に寄り掛かり、」（慈悲あまねく御方章五五・五四）

スフヤーン・アッサウリーは、これら（の錦は下に）は張り詰められたものだが、上にかぶるものはどれほど素晴らしいことか、と言った。[8]

またクルアーンに言う。「緑の褥《しとね》（ラフラフ）、美しい敷物（アブカリー）に身を寄せて。」（同章五五・七六）

褥（ラフラフ）については、それは天国の楽園だという説や、他方でアルムバッラッドは、それは諸国の王に好まれる衣服のことだというし、その他の説もある。

私の考えは次のとおりである。つまり語源は側という意味のタラフであるが、鳥の両側の翼をパタパタさせることも意味する。そこで覆う服を意味し、最終的には、何であれ、好まれて称賛されるものはラフラフと言われると考える。

さらにクルアーンに、「美しい敷物（アブカリー）に身を寄せて。」（同章五五・七六）とあるのは絨緞（バスト）だと解されており、またアブカリーというのは、何であれ広げられるものはアブカリーと称される。
またクルアーンに言う。「高く上げられた寝床（スルル）があり、大杯が備えられ、褥（ナマーリク）は数列に並べられ、敷物（ザラービーユ）が敷きつめられている。」（圧倒的事態章八八・一三―一六）
褥（ナマーリク）については、それはクッションだとする説や、互い互いに数列並べられているクッションだという説もある。またさらには、それはビロードのクッションで、敷物（ザラービーユ）は絨緞で、それは平たく広げられているとも言われる。

〈天 幕〉

次のとおりクルアーンにある。「美しい乙女は永遠の天幕に（引き籠る）。」（慈悲あまねく御方章五五・七二）
アブー・ムーサー・アルアシュアリーが預言者（祝福を）から聞いた伝承を、『二真正伝承集』が伝えている。「天国では、信者一人ずつに、穴のあいた一個の真珠によって作られた天幕が与えられるが、その広さは六〇マイルほどである。これは、信者一人一人に対して与えられるものゆえ、ほかの人々が見えないほど広々としており、信者は人々を探す時歩き回らねばならない。[9]」これらの天幕は、城とは別で庭の中や川の畔のテントである。

〈居間用品〉

次いで寝床（スルル）と高椅子（アリーカ、複数アラーィカ）について、クルアーンに言う。

「かれらは並べられた寝床に寄りかかり、」（山章五二・二〇）

「（かれらは錦の織物を）敷いた寝床の上に、」（出来事章五六・一五）

「高く上げられた寝床があり、」（圧倒的事態章八八・一三）

「その中で、高椅子にゆったりと身を伸ばし、」（人間章七六・一三）

称えあるアッラーは言われている。寝床は互いに並べられ、真珠、ルビーや貴橄欖で飾られた金糸の敷物で敷きつめられ、高椅子とは飾られたドーム状の覆いが付けられた寝床である。寝床に覆いが付いていないものは、高椅子とは呼ばない。

〈召使の少年〉

イブン・アッバースは、天国の召使は少年たちで、彼らは死なず、年を取らず、くたびれず、変わらないと言う。クルアーンに言う。「永遠の（若さを保つ）少年たちがかれらの間を巡り、（手に手に）高杯や水差し、汲みたての飲物盃（を捧げる）。」（出来事章五六・一七、一八）「また永遠の少年たちがかれらの間を往復し、あなたがかれらを見ると、撒き散らされた真珠であると思うであろう。」（人間章七六・一九）

称えあるアッラーは彼らを例えて、散らばっている真珠だと言われたのは、その白さと姿の美しさからだ。そして天国の人々への奉仕のために撒き散らされているのである。アリー・ブン・アビー・ターリブとアルハサン・アルバスリーの両名は、次のように言った。「永遠の少年たちとは、普通に死ぬようなムスリムたちの息子であり、彼らには特に長所も欠点もない。天国の人々に奉仕するのである。」つまり彼らは子供という意味である。

他方で少年たちはアッラーが天国で育てられたので、それはちょうど美しく大きな黒い目をした女性と同じだと言う人もいる。アブー・サイード・アルフドリーが預言者

（祝福を）から聞いた伝承で次のものがある。
「天国の住民として亡くなった者は、小さくても大きくても全員、天国では三〇歳にして戻される。そしてそれ以降絶対に年齢を重ねることはない。これは地獄の住民も同様である。[10]」称賛され崇高なアッラーのみがご存知である。

注（1）本章は校訂本第四九章、第五〇章、第五一章および第五二章の摘訳。
（2）『日訳サヒーフ　ムスリム』第一巻、一四二ページ、『ハディース』下巻、三七二ページ。
（3）『日訳サヒーフ　ムスリム』第三巻、一七二―一七三ページ、『ハディース』中巻、八一〇、八五九ページ。
（4）『日訳サヒーフ　ムスリム』第三巻、一七七ページ、『ハディース』中巻、九〇五ページ。
（5）イブン・アビー・アッドゥンヤー、前掲書、二一八。
（6）イブン・アビー・アッドゥンヤー、同掲書、一六六。伝承者の連鎖は弱いとされる。校訂本二〇五ページ、注一。
（7）アフマド伝承集一一六七三、イブン・アビー・アッドゥンヤー、前掲書、一四七。
（8）アルハーキム、前掲書、四七五／二、イブン・アビー・アッドゥンヤー、前掲書、一五五。なおこの後、「高く上げられた寝床（フルシュ）に」（出来事章五六・三四）とあるので、寝床の高さをめぐって、それは天と地ほどの高さである、あるいは五〇〇年間の距離が開いている、などの議論が展開されている。校訂本二〇七ページ。
（9）『日訳サヒーフ　ムスリム』第三巻、七〇五ページ、『ハディース』中巻、一五二、六五二ページ。
（10）アッティルミズィー伝承集二五六五。

第4部

1　天国の女性たち[1]

称えられるアッラーは、天国の人々には純潔な配偶者がいることを語られた。クルアーンに言う。

「信仰して善行に勤しむ者たちには、かれらのために、川が下を流れる楽園についての吉報を伝えなさい。……また純潔な配偶者を授けられ、永遠にその中に住むのである。」（雌牛章二・二五）

配偶者（ザウジュ）が男性名詞ではあっても、男性にとっては女性が配偶者であり、その逆もしかりである。これがクライシュ族の用語法である。

クルアーンに言う。「アーダムよ、あなたとあなたの妻とはこの園に住み、」（雌牛章二・三五）

〈純潔さ〉

純潔である女性とは、月経、尿、出産、大便、鼻汁、唾など汚いものすべてから清浄であり、この世の女性の穢れを除去した者を指して言う。また同時に、悪行や悪性も心から除去し、口からも悪い言葉や侮蔑表現を追放し、別の男を求めるようなことがないようにそのような目も除去し、一切の穢れや汚染のないように衣服も清潔にするのである。

〈黒目の大きい美しい女性〉

称えられるアッラーは、天国の女性を指して、黒目の大きい美しい女性（フール・イーン）と言われた。「園と泉の間に、絹や錦を纏い、互いに向かい合って、このようにわれは、輝いた大きな目の乙女たち（フール・イーン）をかれらの配偶者にするであろう。かれらはそこで平安に、凡ての果実を求められ、最初の死の外に、そこで（再び）死を味わうことはなく、燃える炎の責め苦から守護されよう。」（煙霧章四四・五一－五六）

フールはハウラーゥの複数形であるが、それは若くて美しく白くて、目は真黒の女性を言う。フールという言葉は、非常に黒い色に対する非常に白い色（ハワル）が眼の周りにあることを元来は意味した。さらには目の白色だけではなくて、体の色も白色でなければフールとは呼ばれない。またイーンはアイナーゥの複数形であるが、大きな目の女性のことをいう。美しさと素晴らしさを集めたような目の女性のことを指している。

〈伏し目がちな乙女〉

称えあるアッラーは三カ所において、天国の女性を伏し目がちな乙女として描写しておられる。[2]「そこには人間にもジンにも、これまで触れられていない、眼差しを押さえた（淑やかな）乙女たち。それであなたがたは、主の恩恵のどれを嘘と言うのか。かの女らはさながらルビーか珊瑚《さんご》のよう。」（慈悲あまねく御方章五五・五六）「またかれらの側には、伏し目がちな大きい目（の乙女）がいる。」（整列者章三七・四八）「また傍には、伏し目がちの同じ年頃の（乙女）が侍る。」（サード章三八・五二）

クルアーン解説者たちは次の解釈で一致している。つまり、彼女たちの配偶者だけにその目の端を限って（限定的に見るということ）、彼ら以外には望まないという意味である。

〈同年配〉

同じ年配、というところについては、イブン・アッバースは次のように言う。

「生まれも年頃も同じ水準を指し、それは三三歳を言う。」

〈触れられていないこと〉

クルアーンの「そこには人間にもジンにも、これまで触れられていない、」（慈悲あまねく御方章五五・五六）の解釈について、アブー・ウバイドは、彼女たちに触れていないことを指すとしている。他方で、アルファッルラーゥは、触れるとは美を奪うことを意味し、出血を伴う交渉のことで、触れることはここでは血を意味するとしている。クルアーン解釈をする者たちは、彼女たちを跨いでいない、騙していない、あるいは性交していない、といった意味にも解している。

自分が主張したいのは、天国の女性はこの世の女性とは異なっているという点である。彼女らはさながらルビーか珊瑚のようで、七〇枚の絹の衣を着け、骨の白さが肌を透けて見えるほどであるという。この脈絡で、クルアーンを読む。「美しい乙女は永遠の天幕に（引き籠る）。……人にもジンにも、これまで触れられていない。」（慈悲あまねく御方章五五・七二、七四）

〈天幕に留められる〉

称えあるアッラーは天国の女性を描写して、天幕に留められている（マクスーラート）と表現した。クルアーンに言う。

「美しい乙女は永遠の天幕に（引き籠る）。」（慈悲あまねく御方章五五・七二）

引き籠っているのは、あたかも閉じ込められている（マハブーサート）如きという意味で、それはまた夫たちに首っ引きで貞淑である（マハスーナート）という意味もある。

〈素晴らしい・美しい〉

また彼女たちは、素晴らしく（ハイラート）美しい（ヒサーン）とも表現された。クルアーンに言う。「そこには素晴しく美しい乙女がいる。」（慈悲あまねく御方章五五・七〇）

素晴らしい（ハイラート）とは最良の人たち（ハイラ）の複数形で、ハイヤラという形を（母音を減らして）軽量化したものである。美しい（ヒサーン）とはハサナの複数形で、性質、育ち、栄誉などが優れ、顔立ちも美しいものである。

クルアーンに次の言葉がある。「本当にわれは、かれら（の配偶者として乙女）を特別に創り、かの女らを（永遠に汚れない）処女にした。愛しい、同じ年頃の者。（これらは）右手の仲間のためである。」（出来事章五六・三五－三八）

イブン・アッバースは言う。「（アッラーが天国で創られたのは、）人間的な女性を欲しておられるのだ。」

しかしムカーティルは言う。「この世の女性たちは、白髪になり老け込むということだ。」

アーイシャが預言者（祝福を）から聞いた話として次の伝承がある。

「預言者（祝福を）がアーイシャを訪れた時、老女が居た。誰かと尋ねられたので、わたしの叔母の一人です、と彼女は答えた。彼は、老人は天国に入らないということだが、と言われたが、このことがあって以来アッラーは老人も天国へ入れられるようになった。そして預言者（祝福を）は言われた、本当にアッラーは彼女らを特別に新たに創り、復活の日には裸足、裸、何も着ないで集められるのだ、そして初めに衣服を与えられるのは、預言者イブラーヒームであると言われてから、次の啓示の言葉が降ろされた。『本当にわれは、かれら（配偶者として女）を特別に創り、』（出来事章五六・三五）[3]」

アルハサンは預言者（祝福を）から聞いたという伝承を伝えた。

「老人は天国に入らないと預言者が言われたので、その老女は泣いた。そこで預言者は言われた。彼女はその日（天国に入る日）は老人ではなく若い女性になっているだろう、アッラーこそは、強大で荘厳である。『本当にわれは、かれら（の配偶者として乙女）

を特別に創り、』（出来事章五六・三五）と言われたのだ。」[4]

〈汚れていない〉

汚れていない（ウルブ、ウルーブの複数形）とは、従順で夫に対してもベールをしているほどの女性である。アブー・ウバイドは、ウルブとは夫に対して良い、ということで、交わりの時に夫に対して、良い場所を確保し、親切にしたいと思うことである、とする。

アルムバッラドは、夫を慕う女性のことで、姿の美しさと親密さをアッラーが一体にされたもので、それが女性に求められる最高のものであると言った。クルアーンに言う。「そこには人間にもジンにも、これまで触れられていない」（慈悲あまねく御方章五五・五六）

自分の考えでは、これは女性についての男性の最高の喜びであり、それは彼以外を知らない女性であり、何らの災いも彼女を襲っていないのだ。そして彼女には、その男性の他の女性との楽しみに関して、一つの優先権があるようなものである。逆に彼女にと

っても、（その優先権が）同様にある。（5）

〈胸の膨らみ〉

称えられるアッラーは、天国の女性を、胸の膨れた（カワーイブ）同じ年頃の乙女、とも表現しておられる。クルアーンに言う。「本当に主を畏れる者には、安全な場所（楽園）がある。緑の園や、ブドウ園、胸の膨れた同じ年頃の乙女たち、」（消息章七八・三一―三三）

カワーイブは、カーイブの複数形だが、盛り上がっていることを指す。カターダ他のクルアーン解説者たちは言う。

彼女たちは胸が丸く盛り上がり、その原義は丸くなっているということにあった。彼女たちの胸はザクロのように盛り上がり、下にぶら下がってはいない。したがってそれを指して、盛り上がりと呼んだのである。

〈再び黒目の大きい美しい女性〉

アナス・ブン・マーリクが預言者（祝福を）から聞いた伝承として、次のようにある。

「もし天国の女が地上に現れるならば、この世界を照らし、香気で満たすであろう。そして彼女の頭を覆うベールは、この世とその中にある凡てのものに勝るであろう。」[6]

アブー・フライラが預言者（祝福を）から聞いた伝承として、次がある。

「天国では凡ての人が二人の妻を持つが、その妻たちのすねの骨は、身体の肉を通してきらきら光る。天国には、妻を持たない者は誰もいない。」[7]

ウンム・サルマが預言者から聞いたところとして、アッタブラーニーが伝えたのは次の伝承である。「預言者よ、『大きい輝くまなざしの、美しい乙女（フール・イーン）』（出来事章五六・二二）の意味を教えてくださいと言った。それに対して、『フールは白さで、イーンは目の大きさである。白肌で、鷹の翼のような乙女である。』と言われた。ついで私は、『秘められた真珠のような子供たちが、』（山章五二・二四）という一節について聞いた。それに対しては、『手が触れていない貝の中にある真珠のように清純な』と言われた。ついで私は、『そこには素晴しく美しい乙女がいる。』（慈悲あまねく御方章五五・七〇）について尋ねた。そこで、『道徳的に善良で、容貌も美しい。』と言われた。また私は、『彼女らは、注意深く守られている卵のよう。』（整列者章三七・四九）に関して尋ねた。そこで、『彼女らの繊細なことは、卵の殻の裏側にある皮の繊細さで、底に沈んだ格好のものだ。』と言われた。私はまた、『愛しい、同じ年配の者。』（出来事章五六・三七）について尋ねた。それに対して、『彼女たちをこの世で、目からは脂が出て、髪は白くなって歳とってから捉えられて、そして彼女たちを処女にされた。愛しいとは、惜しまれ好まれることで、同じ年頃のとは、同じ誕生年を指す。』と言われた。私は、ではこの世の女性か、あるいは大きい輝くまなざしの美しい乙女か、いずれが好ましいかを尋ねた。預言者（祝福を）は言われた。『この世の女性の方が、大きい輝くまなざしの美しい乙女よりも好ましい。なぜならば、外に出ている方が、内に秘めたものよりも良いからだ。』と。私は、それはどんなことでしょうか、と尋ねた。それに対して、礼拝、断食、そしてアッラーへの帰依ぶりからだ。アッラーは彼女らの顔に光の衣を着せ、身体には白い絹衣、外衣類は緑で飾りは黄色、玉は真珠、櫛は黄金でできており、そして彼女らは言うだろう、『私たちは永遠で死なずに、喜悦に満ちて嫌気は差さず、ここを離れず住み着いて、怒りを知らずに喜びだけで、私たちのためにしてくれて、私たちもその人のためにしてあげたという男性がいます。それは、安寧（トゥーバー）です』と言われた。ついで私は、『預言者よ（祝福を）、一人の女性が二人、三人、あるいは四人の男性と婚姻を結び、そして死亡したら天国に入る時にはどの男性が一緒に行くのでしょうか?』と尋ねた。その答えは、『ウンム・サルマよ、彼女は一番性格の良い男を選ぶのです。そして彼女は言うだろう、主よ、この男が現世で私にとって一番性格が良かったのですと。ウンム・サルマよ、性格の善さというものは、この世とあの世の両方に功徳のあるものなのだ。』というものだった。[8]」

イスマーイール・ブン・ラーフィウが預言者（祝福を）から聞いたという、容姿に関する話は次のとおりである。

「私を、真実をもって送られた御方に掛けて。あなた方は自分の妻たちと住まいに関して、天国の住民が自分の妻や住まいについて知っているよりもよく知っている。かれらの内からある男はアッラーに見立てられた七〇名の妻及びアーダムの子孫から二名と契りを結ぶ。しかしこの二名は、この世でのアッラーへの帰依によって、アッラーが見立てられた連中よりも一枚上を行くのだ。二名のうちの初めの一人と結ばれるのは、ルビーの部屋で寝台は真珠飾りの黄金製で、その上には絹と錦の七〇名の女性が居る。そして彼はその手を女性の両肩の間において、その手を彼女の胸を通して見る。また彼女の衣服、皮膚、肉を通して見る。彼はまた彼女のすねの骨が透けて見るのは、ちょうどあなたがルビーの管の中の線を見るようなものだ。彼の心や肝臓は彼女には見えるし、逆に彼女のは彼に見える。またお互いに飽きるということはない。会うたびに彼女は処女で、いつも彼のことを口にして、その顔立ちにつき文句はなかった。彼といえば、最後に彼女に対して、あなたは飽きないしまた飽きさせない、と言う。しかし定めに従い、彼女以外にも女性がいる。彼は一人ずつ彼女たちを回り、その度に言う、『アッラーに掛けて、あなたよりも良いものが天国にはない、また私がより好むものが天国にはない』と。[9]」

次いで、アブー・サイード・アルフドリーの伝える預言者伝承に次のものがある。

〈七二人の配偶者〉

「天国で一番低い位階の人たちには、八万人の召使と七二人の配偶者が居る。そしてその人のためには、真珠、貴橄欖、ルビーでできたドームが設けられる。ちょうどそれは（イエメン地方にある）アルジャービヤとサナアの間にあるのに似て。[10]」

アブー・アマーマが預言者（祝福を）から聞いたのは次の伝承であった。「僕が天国に行けば、必ず七二人の女性を娶ることになる。そのうち二名は、天国の美しい女性で、残る七〇名は現世の女性である。誰一人として魅力的な顔立ちでない者はなく、彼のことはいつも良く言われる。[11]」

アナスの預言者（祝福を）から聞いた伝承は次のものである。「天国の信者には、七三人の妻が居る、と言われた。そこでわれわれは、預言者（祝福を）に尋ねたのは、男にそんな力があるのでしょうか、ということだった。それに対する答えは、彼には百人力が与えられる、というものだった。[12]」

アブー・フライラの預言者（祝福を）から聞いた伝承は次のものである。「預言者よ、天国ではわれわれの女性に達することはできるのでしょうか？　と問うたのに対して、言われたのは、一人の男性は一日に百人の処女と交われるであろう。」[13]

イブン・アッバースは次の預言者伝承を伝えている。「この世と同様に、われわれは天国でも妻の所へ導かれるのでしょうか？　という質問に対して、預言者（祝福を）は誓って言うが、男性は一朝に百人の女性と交わる、と言われた。」[14]

〈信者の妻の数〉

真正な伝承には、二人の妻が居る、と出ている。それ以上の追加はないのである。しかし（数の追加のある）伝承が残されているのは、召使や子供の多い少ないといった事情に照らして二人の妻以上に妾が望まれる場合や、あるいはそういった数の女性と交わる力が欲しいと考えてのことであろう。そこで人によってはそのような意味でもって、その男には何人の妻が居る、といった調子になったのだ。

アナスが預言者（祝福を）から聞いて、アッティルミズィーが記した伝承に次のものがある。「天国の信者は、幾人かとの性交の力を授かると言う。そこで預言者（祝福を）に、そんなことがあるのでしょうか？　と尋ねた人がいた。答えは、百人力を授かるというものだった。」[15]

これは真正な伝承と見なされているので、それを伝えた人は百人の処女と巡り会ったのだろう。そのままの意味で伝えられたか、あるいはその人の位階の違いによって女性の数が異なるといった事情かもしれない。

アッラーのみがご存知だ。

『二真正伝承集』にはアブー・ムーサー・アルアシュアリーの伝えた次の伝承があるので、二人以上の妻がいることは疑いないところだ。「天国では、信者一人ずつに、穴のあいた一個の真珠によって作られた天幕が与えられるが、その広さは六〇マイルほどである。これは、信者一人に対して与えられるもの故、他の人々が見えないほど広々としており、信者は人々を捜すとき歩き回らねばならない。」[16]

注

（1） 本章は校訂本第五三章の摘訳。

（2） ここに出てくる「伏目がち」という訳し方については、そのように受身な姿勢ではなくより意思が働いて能動的に「眼差しを止めた」と訳すべし、という説については、『ジャラーラインのクルアーン注釈』中田香織訳、日本サウディアラビア協会、二〇〇六年、第三巻、六四四－六四五ページ。

(3)『日訳サヒーフ　ムスリム』第三巻、七一五ページ、『ハディース』中巻、一七六、二一三ページ。

(4)アルバイハキー伝承集（三四六）で、根拠薄弱とされる。校訂本二二七ページ、注三。

(5)校訂本二二九ページ。

(6)『ハディース』中巻、二八ページ、下巻、一四五ページ。

(7)『日訳サヒーフ　ムスリム』第三巻、七〇三ページ、『ハディース』中巻、一五三、一五四ページ。

(8)アッタブラーニー、前掲書『大辞書』三六八／二三。

(9)校訂本には、この伝承の真偽をめぐる長い議論が紹介されている。アルブハーリーはこれを、真正に近い信頼度としている。同書、二三一ページ。

(10)アフマド伝承集一一七二三、アッティルミズィー伝承集二五六五。校訂本には、これについての真偽論争も紹介している。同書、二三一ページ。

(11)イブン・マーッジャ伝承集四三三七、アブー・ナイーム、前掲書、三七〇。

(12)アブー・ナイーム、前掲書、三七二。

(13)イブン・アビー・アッドゥンヤー、前掲書、二六七、アッタブラーニー、前掲書『中辞書』五二六三、『小辞書』七九五。

(14)イブン・アビー・アッドゥンヤー、前掲書、二六七、アブー・ナイーム、前掲書、三七四。

（15）アッティルミズィー伝承集二五三九、イブン・アビー・アッドゥンヤー、前掲書、二六九。
（16）『日訳サヒーフ　ムスリム』第三巻、七〇五ページ、『ハディース』中巻、六五二ページ。

2　目が大きくて美しい女性が創られた物質などについて[1]

天国の女性たちは、サフランから創られているという預言者伝承がいくつか残されている。アナス・ブン・マーリクの伝えたのは、「目が大きくて美しい女性は、サフランから創られている。」と言う。[2]イブン・アッバースも、「目が大きくて美しい女性は、サフランから創られている。」という伝承を伝えた。[3]アブー・サルマには、「アッラーの後継者には、アーダムとハウワーが生んだのではない嫁が居る。彼女はサフランから創られた。」という伝承がある。

いずれにしても彼女らは、天国の施設で創られたのであって、父母から生まれ出たのではない。アッラーのみがご存知だ。このようにアーダムは最良で最高の姿に創られているとはいっても、泥から創られた存在である。それがましてや、天国でサフランから創られたとなるとどんな姿になるのであろうか。

イブン・アイヤーシュから伝えられている預言者伝承にある。

「ある日、カアブと一緒に座っていた時のこと、彼は言った。もし天から美しい女性の手が下りてきたならば、この世の人々のために太陽が光を照らすように、彼女のために大地が明るくなるだろう、さらに私は手のことを言ったが、もしそれが顔であったならば、どれほど白く素晴らしく美しいことであろうかと言った。」[4]

ムアーズ・ブン・ジャバルが預言者（祝福を）から聞いたとして、次の伝承がある。

「この世の女性はその夫を傷つけることはない。ただし彼女は、天の美しい乙女に対して言う、もし夫を傷つけるようなことがあれば、アッラーはあなたを殺すだろう、と。というのも夫は、あなたにとっては後から来たものであり、わたしたちのほうへ離れて来そうになっているから、と。」[5]

イブン・マスウードが預言者（祝福を）から伝えている伝承にある。

「天国には美しい乙女たちが居て、彼女らには遊びがあるとされる。彼女らは驚いたことに、一人ずつその手で肩を叩き、そして言う、安寧（トゥーバー）に掛けて、その遊びをもしあなたを望んでいる男たちが知っていたならば、真剣にしたであろう。彼女の目の間には次のように書かれている、私のような女性が居ることを望む人は、主の嘉しをもってせよ、と。(6)」

預言者（祝福を）は言われた。「天国で光が煌いた。そして彼らの頭を持ち上げた。そうしたらそこには、乙女の口があって、その夫の面前で微笑んだ。(7)」

ヤハヤー・イブン・アビー・カスィールから伝えられたとして、イブン・アルムバーラクが記している伝承は次のものである。「美しい乙女たちはその夫を天国の門で出迎えて、美しい声で言う。あなたを待っていた間は、喜悦に満ちていました。怒りはありません。じっと待っていて、そこを離れませんでした。また永遠にそうなので、死はありません、と。また言う、あなたは私の愛、そして私はあなたの愛、あなたなしでは落ち着きどころはなく、あなたの後ろに居場所はありません、と。(8)」

注（1） 本章は校訂本第五四章の摘訳。

（2） アブー・ナイーム、前掲書、三八四。

（3）次の伝承とあわせて、アッタブラーニー、前掲書『中辞書』二九〇。
（4）イブン・アビー・アッドンゥンヤー、前掲書、三〇一。
（5）アフマド伝承集二二一六二。
（6）イブン・アビー・アッドゥンヤー、前掲書、三〇五。
（7）弱い伝承である。校訂本二三九ページ、注一。
（8）イブン・アビー・アッドゥンヤー、前掲書、二一六二。

3　天国の結婚、性交、出産について(1)

〈結婚・性交〉

天国での結婚は本当のことである。クルアーンに言う。「また純潔な配偶者を授けられ、永遠にその中に住むのである。」（雌牛章二・二五）

ラキーズ・ブン・アーミルの伝承として、アッタブラーニーが次のように記している。

「預言者よ、われわれに天国で信仰正しい妻たちが居るのでしょうか、と尋ねたら、言われた。信仰正しい男には信仰正しい女性を堪能するまで居る、それはちょうどあなたがたがこの世で味わい、彼女らもあなたがたを味わうのと同じである。違いはあそこではあなたがたは誕生しないという点だ。」[2]

アブー・フライラが伝えた伝承にある。「預言者よ、天国ではわれわれは交わるのでしょうか、と尋ねると、（預言者は）言われた。そうだ、誓って言うが、多数の女性と交わるのである、そしてそれらの女性は男が去ると、清浄で純潔に戻るのである。」[3]

アブー・アマーマは預言者（祝福を）が、天国の人たちは結婚するのかとの問いに対して答えられるのを聞いた。「飽きの来ない男に掛けて、また絶えない欲望に掛けて、多数の女性と。」[4]

またアブー・フライラは預言者（祝福を）が、天国の男は結婚するのかどうか問われて次のように言われるのを聞いた。「そうだ、私を真実とともに送られた御方よ、飽きの来ない男に掛けて、切りのない喜びに掛けて、また絶えない欲望に掛けて、多数の女性と。」[5]

アブー・アマーマが天国の人たちは結婚するかどうかについて問われた時に出された答えとして、聞いた預言者（祝福を）の伝承にある。「そうだ、私を真実とともに送られた御方よ、多数の女性と。（そして自らの手で示しながら、）それは精液もなければ宿命もない。つまり、射精もしないし、死ぬこともないということだ。」[6]

クルアーンにある「本当に楽園の仲間たちは、この日、喜びに忙しい。」（ヤー・スィーン章三六・五五）に関して、アクラマの伝える伝承にある。「処女の純潔を奪うことである。」

イブン・マスウードも述べた。「処女の純潔を奪うことで、手一杯になったのだ。」[7]

ムカーティルも述べた。「地獄の人たちと離れて、処女の純潔を奪うことで手一杯になったから、彼らを覚えてもいなければ、彼らに注意も払っていないのだ。」

天国の人たちは何で忙しいのかと問われたイブン・アッバースは、述べた。「処女の純潔を奪うことで。」

スアイド・ブン・ジュバイルも述べている。「彼の欲望は彼の身体を七〇年間も走りつづけ、その間味わいつづけ、それで不純にはならないのだ。だから洗浄も必要ない。また弱さも、力の低下もなく、彼らの性交は味わいと喜びであり、そこには何らの病もない。」

あの世で一番享受できる人は、この世で禁制の事柄について一番控え目である。だからこの世で、面白くてうまいものを堪能する人は、あの世ではそれは抑制されて得られないということになる。クルアーンに言う。「あなたがたは現世の生活において、様々な良いものを得ながら、それを自ら享受した。」（砂丘章四六・二〇）

このようにアッラーに限られた楽しみを控えた人たちは、最も十分にそれを復活の日に味わうことができるのである。しかしそれをこの世で享受する人たちは、あの世で禁じられるのである。

〈出　産〉

アブー・スアイド・アルフドリーが預言者（祝福を）から聞いて、アッティルミズィーの伝えた伝承にある。「天国で信者が子供を欲したならば、妊娠、出産、成長を一時間ですることができる。それも望みのままに。」

しかしこれは根拠が弱いとして、論議されてきている。イスハーク・ブン・イブラーヒームの聞いた伝承として、次のものも掲載されている。「天国で信者が子供を欲したならば、いつでも授かることができる。しかし欲することがないのである。」

同様にアッティルミズィーは次の伝承も、アブー・ラズィーン・アルウカイリーから伝えている。「天国の人たちには、子供はない。(8)」

否定的に見る人たちの言い分は種々ある。男に精子もなければ女性に生理もないという天国には、この世の出産はない。また天使には死もなければ出産もないのと同じで、天国の人たちも永遠の人であり出産もないということである。(9)

クルアーンに言う。「信仰する者たち、またかれらに従った信心深い子孫の者たち、われは、それらの者を(楽園において)一緒にする。」(山章五二・二一)

もしも天国においても子孫をもうけることになるのであれば、ここでこの世の子孫だけではなく、天国のそれについても言及されているはずだという説もある。

私は次のように言う。天国ではどのようなものであれ、希望したものが手に入るということだが、子供を望むこともありうるのではないか。他方で天国は永久に存続する場所であり、死と承継の場所ではない。死と承継はないにしても、出産がないとは言っていない。子供を生むとしても、それはこの世の出産とは別物であろう。

右に見たアブー・スアイド・アルフドリーが預言者（祝福を）から聞いた伝承にある、天国で子供を欲したならば、妊娠、出産、成長するのに、一時間しかかからないなどというのは、いずれにしてもわれわれの知識を超えた問題である。読者の方々は、この本以外では見出せないものを、ここで見られたことと思う。正解はアッラーのみがご存知である。

注

（1）本章は校訂本第五五章と第五六章の摘訳。
（2）アッタブラーニー、前掲書『大辞書』（四七七）二一三／一九。
（3）アブー・ナーム、前掲書、三九三。伝承の連鎖は良好。
（4）イブン・アビー・アッドゥンヤー、前掲書、二六五。
（5）同掲書、二六四。
（6）アブー・ナイーム、前掲書、三六九。
（7）同掲書、三七五。
（8）以上、アッティルミズィー伝承集二五六三、イブン・マージャ伝承集四三三八。
（9）校訂本二四九ページ。

4　美しい女性の歌とアッラーの御声[1]

〈美しい女性の歌〉

天国では耳にして聞く歌声がある。クルアーンに言う。「その時、善行に勤しんだ者は、緑の野辺で、幸せにされよう。」（ビザンチン章三〇・一五）

ヤハヤー・ブン・アビー・カスィールは言った。「ここで、幸せとは、味わいと聞くことである。[2]」

アリー・ブン・アビー・ターリブは預言者（祝福を）から聞いたとして、伝えた。「天国では、創造されたものたちが聞いたこともないような美しい女性の声を聞くであろう。そして、私たちは永遠であり、死を知らない。私たちは喜びであり、退屈しない。また嬉しさに満ち、怒りを知らない。安寧（トゥーバー）に掛けて、私たちのものだった人のために、また私たちが従っていた人のために。[3]」

またアナスの伝えた伝承に言う。「天国の美しい女性たちは歌う、そして言う。私たちは善良にして美しく、高貴な夫たちのために創られた、と。[4]」

アブー・アマーマが預言者（祝福を）から聞いた伝承は次のとおりである。「天国に入る僕には、入って座るや否や、その頭と両足のところに二人の美しい乙女が居る。人もジンも聞く中で、最も美しい声で歌っている。そしてシャイターンのラッパはない。」[5]

ハーリド・ブン・ヤズィードが聞いたところとして、アッライス・ブン・サアドの伝えるのは次の伝承である。「美しい乙女はその夫たちのために歌い、そして言う。私たちは善良で美しく、夫は高貴な若者たちである、私たちは永遠で、死を知らない、私たちは喜びであり、退屈しない、また嬉しさに満ち、怒りを知らない、私たちは住みついており、出て行かない、と。

一人の胸には、次のように書かれている。あなたは私の愛、そして私はあなたの愛、あなたのところで私の心は終わり、私の両目はもうあなたのような人を他に見ることはない。」[6]

ムハンマド・ブン・アルムンカディルが聞いたところは次のものである。「復活の日には、次のように呼びかけるものが居る。遊びの仲間やシャイターンのラッパから自らとその聴覚を解き放った者たちは、どこに居るのか。彼らを麝香の楽園に住まわせるように、と。それから天使たちに言う。私を偉大だとして称賛する声を彼らに聞かせなさい、と。」[7]

シュフル・ブン・ハウシブが伝える預言者伝承は次のとおりである。「偉大なアッラーを称賛する言葉として天使たちに言われた。私の僕たちはこの世で美しい声を好んで、それを私のためとして請うていた。だから彼らに美しい声を聞かせてあげなさい。そして聞いたことがないような声で、つまり、アッラーは単一でありアッラーを称賛し偉大であるとする声で、彼らを捉えなさい。」[8]

〈アッラーの御声〉

美しい女性の声よりももっと崇高な声を、天国では聞くことになる。それはアッラーの声で、アッラーは天国の人たちにクルアーンを読まれて語りかけられるのである。

それは聞いたこともないほど素晴らしい声で、それは聞くのに最善のものであるとの真正な、あるいは良好な伝承は多数ある。その事実をはっきりとここで示そう。とにかく天国でアッラーの尊顔やその御声を拝するほど甘美なことはないのだ。

アブドゥッラー・ブン・ブライダは、次のように伝えている。「天国の人たちは一日に二回、アッラーにお目通り願い、クルアーンが読まれるのを聞くことができる。彼らは真珠とルビーの台に座り、それはまた種々の宝石、黄金などで飾られている。聞いたことのないような、それ以上偉大なものがないような声が聞こえてくる。喜びと至福に満ちており、それはアッラーの尊顔を拝するのと同様に、天国で最高の喜悦である。[9]」

注

(1) 本章は校訂本第五七章の摘訳。
(2) 校訂本二五二ページ。
(3) アッティルミズィー伝承集二五五二、アフマド伝承集一三四二二、イブン・アビー・アッドゥンヤー、前掲書、二四九。
(4) アブー・ナイーム、前掲書、四三二。
(5) 同掲書、四三四。
(6) アッタブラーニー、前掲書『小辞書』七三四、『中辞書』四九一四。
(7) イブン・アビー・アッドゥンヤー、前掲書、二六三。
(8) 同掲書、三三六。
(9) 校訂本二五七ページ。

5　天国の馬について[1]

スレイマーン・ブン・ブレイダがその父から伝えられた預言者伝承で、天国には馬が居るのか、と尋ねた男への回答を、アッティルミズィーが記している。「もしあなたが天国に入れるとしたならば、どこへでも飛んで行ってくれる赤色のルビーの馬に乗ってそこに入れるだろう。（ついで、ではラクダは居るのか、との問いに対しては直接にその人に答えずに言われた。）アッラーがあなたを天国に入れられるとすれば、あなたの心が望んだものや目が見たいと思ったものは、何でもあるだろう。」[2]

アブドゥッラー・ブン・アムルが聞いた伝承は次のとおりである。「天国にはその住民が乗るための、成熟した馬や若いのがいる。」

ジャービル・ブン・アブドゥッラーは次の預言者伝承を伝えた。「人々が天国に入ってくると、赤色のルビーの馬たちがやってくる。翼は便や尿で汚れない。その上に乗り込み、人々は天国を駆け巡るのだ。そしてアッラーがお目見えになると、彼らはいそいそと頭をひれ伏し、アッラーは言われる。『頭を上げなさい、今日は仕事の日ではない、今日は喜悦と尊厳の日である。』そうすると頭をもたげ、アッラーは彼らに対して香料を降り注がれ、彼らは麝香の砂丘を通り過ぎ、アッラーはその砂丘の上にそよ風を送られる。それで彼らはそそくさとしだして、家路を急ぐが、髪はほこりで乱れる。」[3]

注

（1）本章は校訂本第五八章の摘訳。

（2）アッティルミズィー伝承集二五四六、アフマド伝承集二三〇四三、イブン・アビー・アッドゥンヤー、前掲書、二四四。

（3）アブー・ナイーム、前掲書、四二九。

6　天国の人々の相互訪問と市場[1]

〈相互訪問〉

天国の人たちは互いに会っては、話し合っているとアッラーは言われている。

「かれらは互いに近寄って、尋ね合い、言っていた。『以前、わたしたちは家族の間にいてもいつも（アッラーの懲罰を）畏怖していた。だがアッラーは、わたしたちに御恵みを与えられ、熱風の懲罰からお救い下された。以前からわたしたちは、かれに祈っていたのです。本当にかれは恵み厚く、慈悲深き御方であられる』」（山章五二・二五―二八）

アブー・アマーマが預言者（祝福を）から聞いたという、天国の人々の相互訪問に関する伝承を見る。「高い階層の人たちは低い階層の人たちを訪れる。その逆に低いところから高いところへの訪問はない。ただし偉大で荘厳なアッラーにお願いしてくる者は、どこからでも来る。クッション付のラクダに乗って。」[2]

アナスの伝える預言者伝承は次のとおり。「人が天国に入って、同胞を互いに懐かしんで会いたいと思った時、寝台をあちらこちらと駆け巡る。そしていろいろ探してついに再会する。一人がもう一人に聞く、アッラーはいつ赦されたか知っているか、と。そうすると、しかじかの場所にいた日に、われわれはアッラーに赦しを請うたが、そこでわれわれは赦されたのだ、と答える。」[3]

アリー・ブン・アビー・ターリブは預言者（祝福を）から聞いた伝承を伝えた。「預言者は言われた。『天国には樹木があって、その一番高いところからは衣服が出て、一番低いところからは馬が出る。その馬の灯《あか》りは黄金で、手綱は真珠とルビーでできている。便も尿もしない。その翼は視野の届く限りで、天国の人たちは乗り込んで、好きなところへ飛んでゆく。そこよりも低い階層の人たちは言う、主よ、あなたの僕たちはどうやってこのような厚遇に会えるようになったのでしょうか、と。答えは、あなた方が寝ている間に彼らは礼拝をしていたし、あなた方が食べている間に彼らは断食をしていたのです、またあなた方がけちであった時に、彼らは喜捨していたし、あなた方が慄いていた時に、彼らは戦っていたのです。』(4)

〈市　場〉

　市場は物の売買をするところというよりは、人々の行き交う場所として取り上げられている。アナスが預言者（祝福を）から聞いた伝承を、ムスリムが伝えている。「金曜日ごとの市場が天国にはある。北からの風が人々の顔や衣服に当たり、芳香を撒き散らし、彼らの魅力や美しさが増す。またさらに帰宅すると、それは増す。家の人たちは言う、アッラーに誓って、あなたの魅力や美しさが増しましたね、と。それに対して、家の人たちには、アッラーに誓って、それらが増したのはあなた方ですよ、と返答する。」[5]

アブー・フライラが伝える預言者伝承で、アッティルミズィーが記しているのに、次のものがある。ただしアッティルミズィー自身が、その伝承者の連鎖には、一人しかいないと言っている。「天国の人たちは、現世での金曜日の過ごし方によって、その市場にどれだけ居られるかが決められる。……彼らには宝石や黄金の椅子が提供される。……またアッラーの尊顔を仰ぐことにもなる。……準備されている気前よさを好きなだけ取りなさい、と言われる。……市場に準備されているのは、それまで売買されたことのないものである。……」[6]

アリー・ブン・アビー・ターリブが伝える預言者伝承で、アッティルミズィーが記しているのは次のものである。ただしアッティルミズィー自身が、その伝承者の連鎖には、一人しかいないと言っている。「天国の市場では、売り買いはない。そこには男女の姿があるだけだ。もしある姿を気に入った男が居たならば、彼はそこへ入る（交わる）だろう。」[7]

注

（1）本章は校訂本第五九章と第六〇章の摘訳。
（2）アブー・ナイーム、前掲書、四二一。
（3）イブン・アビー・アッドゥンヤー、前掲書、一二三九。
（4）同掲書、二四二。
（5）『日訳サヒーフ　ムスリム』第三巻、七〇二ページ。
（6）アッティルミズィー伝承集二五二二。
（7）同掲書二五五二。

7　彼らの主を訪問することについて[1]

天国の人々には、互いを訪れるよりもより高くてより荘厳なもう一つの訪問がある。それは彼らが、その称賛され崇高な主を訪れることである。その尊顔を見せられ、そのお声を聞かせられる。また嘉しで覆われる。

アブー・バルザ・アルアスラミーは預言者（祝福を）が言われるのを聞いて、伝承として次を伝えた。「天国の人々は午前を衣で過ごし、午後別の服装で行く、それはちょうどこの世で、午前を過ごし、その後別の衣装で国王のところへ行くようなものだ。同じように、強力で偉大なアッラーのところへ、朝を過ごしてから行くのだ。その主が来られる（最後の日の）あの時間が来る印や兆候も、同様に彼らは知っている。」[2]

アリー・ブン・アビー・ターリブが預言者（祝福を）から聞いた伝承には、次のとおりある。「天国の人たちが住み始めると、天使が来て言う、アッラーがあなたがたの訪問を待っておられます。そこで人々は集まりはじめ、ダーウードに命令が降りて、一斉にアッラーを称賛し、アッラーは単一であると人々は唱えはじめる。そして永遠の卓が置かれる。人々がその卓は何かと尋ねると、それに対して、それの一つのコーナーはそこから太陽が上ってその後に沈む場所の幅よりも広くて、そこで食べ物と飲み物が与えられる。

人々は衣服を着て言う、強力で偉大なアッラーの尊顔を見ることだけが残されています。そこでアッラーが姿を現されると、人々はただひれ伏し、次の声を聞く。あなたがたは仕事をするためにここにいるのではない、あなたがたは報奨を受けるために来たのだ、と。」[3]

アブー・ムーサー・アルアシュアリーはクルアーンの次の節に関して言う。「善行をした者には、素晴しい報奨があり、さらに追加もある。」（ユーヌス章一〇・二六）「素晴しい報奨」とは、天国行きのことである、それから「追加」とは、尊顔を拝することである、と。

ムハンマド・ブン・ファーティマは、アッラーの尊顔を拝する場面に関する預言者伝承として、以下を伝えている。「天使たちが今からアッラーがクルアーンを読まれる、そしてあなた方に挨拶され、話される、そしてあなた方の功徳や能力は増す、と告げる。……アッラーは近づくと尊顔の覆いを取られ、その偉大さは現れる。人々は言う。主よ、あなたは平安で、あなたから平安が来る、あなたに偉大さと尊敬の権利はある。アッラーは、私は平安で、私から平安が来る、私に偉大さと尊敬の権利がある、と言われる。さらには、私の助言を守り、私の約束を守り、見えなくても私を畏れ、いつも私を求めた人たちよ、……私は今、私の心と慈悲と尊厳へ導きました。……それからあなた方が欲したものを与え、あなたの子孫を後から付けさせ、あなた方の望みに欠けていたものも追加しました、と言われる。[4]」

上の伝承は、預言者にまで遡らない。しかしムハンマド・ブン・アリー（預言者の娘ファーティマの孫）が伝えた言葉であり、種々の弱点が混入したまま受け入れられたのであろう。

注

（1）本章は校訂本第六一章の摘訳。天国における雲や雨に関する第六二章は省略。
（2）アブー・ナイーム、前掲書、三九四。
（3）アブー・ナイーム、同掲書、三九七。
（4）アブー・ナイーム、同掲書、四一一。

8　天国の全員が国王であること[1]

〈国王であること〉

クルアーン解釈学者や諸学者は、天国の人たちは全員、王であると言う。
「あなたは視線を向けると至福の壮大な王国を認めるであろう。」（人間章七六・二〇）
ムジャーヒドは、壮大な王国とは、偉大で天使たちもそこへ入るには許可を必要とするという意味だと伝えた。[2] カアブは言った。アッラーは諸天使を人々の下に送られ、諸天使は彼らのために許可を求める、と。[3]

アナス・ブン・マーリクは伝えた。「天国の最下層の人たちでも全員が、頭の上に一万人の召使を侍らせている。」[4]

アブー・フライラは伝えた。「天国で最下層の人たちには、毎日一万五千人の召使たちがやってくる。その全員が主人に対して、しっかり目を向けているのである。」[5]

アブー・サイード・アルフドリーは預言者（祝福を）から聞いて伝えた。「天国で最下層の人たち一人一人には、八万人の召使と七二名の妻がいる。そして真珠、ルビー、貴橄欖のドームが彼らのために作られる。それはアルジャービヤとサナアの間にあるようなものだ。」[6]

アルムギーラ・ブン・シュウバは預言者（祝福を）から聞いたとして伝えている。

「ムーサーが彼の主に『天国の住民で誰が最下位の人物ですか』と尋ねたところ、アッラーは『当然入るに値する人々が天国に入られた後で、最後に天国にやってくる人物である』と言われた。そして次のように話された。彼は『天国に入りなさい』と告げられるが、『主よ、先に来た人々がそれぞれの場所に落ち着き、取り分も確保しているので、どうしてわたしの入る余地などありましょうか』と答えるだろう。それに対しアッラーが『お前は世界の諸王らそれぞれが有する王国ほどの広さがあれば満足するのか』と述べると、彼は『そのとおりです。主よ』と答えるだろう。アッラーがそのため『あれはお前のもの、これもそれも、またあれもお前のものである』と五つも指示を与えなさると、それでようやく彼は、『主よ、私は大変満足です』と述べることだろう。アッラーはまた『これはお前のもの、これに一〇倍するものもお前に与えられる。お前が望み、喜ぶものは凡てお前のものである』と言われる。彼はこれに対しても『主よ、私は大変満足です』と述べることだろう。」[7]

〈天の王国とは〉

アブー・フライラは預言者（祝福を）から聞いた伝承を伝えている。「強力で偉大なアッラーは言われた。『わたしは正しく善良なわたしの僕のために、その目が見たこともなく、その耳が聞いたこともなく、人の心に浮かんだこともないようなものを用意した。』その証左が、次の啓示の言葉である。『かれらはその行ったことの報奨として、喜ばしいものが自分のためにひそかに（用意）されているのを知らない。』（アッサジダ章三二・一七）[8]」

『二真正伝承集』には、アブー・フライラが預言者（祝福を）から聞いたとする次の伝承が記されている。「天国における弓の弦は地平線より長く、アッラーの道における朝夕の一歩は地平線より長い。[9]」

サハル・ブン・サアドが預言者（祝福を）から聞いた伝承として、アルブハーリーが記しているのは次のものである。「たとえ一日でもアッラーの道の戦いに身を投ずることは、この世とそこにあるすべてのものより良く、天国にある鞭一本の占める場所のほうがこの世とそこにある凡てのものより良く、また、人がアッラーの戦いで朝な夕な歩む一歩のほうがこの世とそこにある凡てのものより良いのだ。[10]」

このように天の王国に関しては、実にこの世とはかけ離れた実態が浮き彫りになろう。そしてそれらをまとめて言うと、次のようになる。あの世においてアッラーの御声を聞くのは何という素晴らしさ、無辜なる者の目にとってその尊顔を拝するのは何と爽快なこと、他方酷い取引をした裏切り者たちの惨めさよ。

クルアーンに言う。「その日、ある者たちの顔は輝き、かれらの主を、仰ぎ見る。またその日、ある者たちの顔は暗く、背骨を砕くほどの大災難が、かれらに降り掛かることを知るであろう。」（復活章七五・二二－二五）

注

（1）本章は校訂本第六三章と第六四章の摘訳。

（2）イブン・アビー・アッドゥンヤー、前掲書、一九八。

（3）同掲書、二〇二。

（4）同掲書、二〇六。

（5）同掲書、二〇七。

（6）アッティルミズィー伝承集二五六五、アフマド伝承集一一七二三。

（7）『日訳サヒーフ　ムスリム』第一巻、一五五－一五六ページ。

（8）『日訳サヒーフ　ムスリム』第三巻、六九九－七〇〇ページ、『ハディース』中巻、一五二一－一五三ページ。

（9）『ハディース』中巻、二八ページ。ただし文字どおりには該当していないが、『日訳サヒーフ　ムスリム』第一巻、八三ページおよび第三巻、三ページ。

（10）『ハディース』中巻、五一、一五四－一五五ページ、『日訳サヒーフ　ムスリム』第三巻、四四ページ。

9　天国の人たちは主をその目で見て話しかけられ微笑みかけられること(1)

この章は読者が競って知りたがる、関心が一番大きいものである。

〈クルアーンの言葉〉

クルアーンのいくつかの節に言う。

「『あなたは決してわれを見ることはできない。だがあの山を見よ。もしそれが、相変わらずその所に安定しておれば、そこにあなたはわれを見るであろう。』主がその山に（神の御光を）現わして山を粉みじんにすると、」（高壁章七・一四三）(2)

「アッラーを畏れなさい。あなたがたは（来世で）かれに会うことを知りなさい。」（雌牛章二・二二三）

「かれらがかれに会う日の挨拶は、『平安あれ。』である。」（部族連合章三三・四四）

「凡そ誰でも、主との会見を請い願う者は、正しい行いをしなさい。」（洞窟章一八・一一〇）

「だがアッラーに会うことを自覚する者たちは言った。」（雌牛章二・二四九）

〈尊顔を拝すること〉

預言者たち、使徒たち、教友たち、それに預言者に従った人たちやイマームたちが、こぞって見解を一致させていることがある。それは、天国の人たちは主を直接に公然と目にすることができるというもので、それは満月の夜に月を見るようなものだとされる。

「善行をした者には（天国へ入るという）素晴しい報奨があり、また追加もある。」（ユーヌス章一〇・二六）

アナスは、上のクルアーンの節に関して預言者が言うのを聞いた。「この世で善行をしたものには、天国があり、追加とは、アッラーの尊顔を拝することだ。」[3]

アブー・ムーサー・アルアシュアリーも同様に伝えている。「強くて偉大なアッラーは、復活の日に天国の人ならば誰でも聞こえるような声をした呼び人を天国の人たちに送り、アッラーはあなたたちに対して最善を約束されたが、その最善とは天国のことである、と言わしめられた。また追加とはアッラーの尊顔を見られることである。」[4]

アリー・ブン・アビー・ターリブは、次のクルアーンの言葉について、それは偉大で荘厳なアッラーの尊顔を拝することであると言った。

「かれらのためには、そこに欲しいものは何でもあり、またわが許からもっと追加があろう。」（カーフ章五〇・三五）

アブドゥッラー・ブン・アムルはあるクルアーンの言葉について、預言者（祝福を）が、「輝き」とは素晴らしさであり優良なことで、「仰ぎ見る」とはアッラーの尊顔を拝することである、と言ったのを聞いた。そのクルアーンの言葉は次のとおり。

「その日、ある者たちの顔は輝き、彼らの主を、仰ぎ見る。」（復活章七五・二二、二三）

『二真正伝承集』において、アブー・フライラが聞いた次の預言者伝承を記している。

「人々は預言者に対して、復活の日にわれわれは主を見ることができるのでしょうか、との問いに対して答えられた。『満月の夜、月を見るのは困難ですか。』それに対して人々が、いいえ、と答えると、彼はさらに、『雲がかかっていない時、太陽を見るのは難しいですか。』と言われた。彼らが、いいえ、と答えると次のようにお話になった。『ちょうどそれと同じように、あなたたちは主を拝することができるのです。』と。」[5]

『二真正伝承集』において、キース・ブン・アビー・ハーズィムがその父から聞いた次の預言者伝承を記している。「ある夜、われわれが預言者と一緒にいたとき、彼は十四日目の月を仰いで『お前たちは、この月を見るように何の差し障りもなく、主を見るであろう。そしてもし妨げられることなく日の出と日没前に礼拝できるならば、そうせよ』と言ってから『日の出前、日没の前には必ず主の栄光を讃えまつれ』と唱えられた。それから次のクルアーンの言葉を読まれた。

『主の栄光を誉め称えなさい。太陽が上る前と沈む前に。』（カーフ章五〇・三九）[6]」

スハイブは預言者（祝福を）から聞いた次の伝承を、ムスリムがその『サヒーフ』に記して伝えた。「天国の人たちが天国に入ると、強くて偉大なアッラーが言われるのは、何か増やして欲しいものがありますか？　ということだそうだ。そして彼らが言うのは、われわれの顔を喜びで輝かせ白くし、われわれを天国に入れ、われわれを地獄の業火から救われたではないですか？　と言って感謝するだろう。そうするとアッラーは顔の覆いを取られて、言われる。あなた方には、それよりも好ましいものがないというほどの事柄を提供したが、それは主を仰ぎ見るということである。それから次の一節を読誦された。

『善行をした者には（天国へ入るという）素晴しい報奨があり、また追加もある。』（ユーヌス章一〇・二六）」[7]

ブライダからの預言者伝承には次のものがある。「復活の日には、誰しもがアッラー抜きではありえず、両者の間には覆いも通訳もない。」[8]

アブドゥッラー・ブン・ウマルからの預言者伝承には次のものがある。

「天国の人たちは至福を全うすると、それ以上のものはないと思いがちだが、その時、称えられそして至高である主が彼らに現れて、人々は彼の尊顔を仰ぐことになる。そして慈悲深い方の尊顔を仰いだ時には、それまでの凡ての至福は忘れてしまうのである。」[9]

「アブー・バクル・アッスィッディークは次のクルアーンの一節を読誦した。『善行をした者には（天国へ入るという）素晴しい報奨があり、また追加もある。』（ユーヌス章一〇・二六）そうすると人々が聞いたのは、アッラーの使徒の後継者よ、追加とは何ですか？　という質問であった。その答えは、主の尊顔のことである、というものであった。」[10]

アリー・ブン・アビー・ターリブは次のように述べたと伝えられる。「完璧な至福は、天国に入ることである。そして称えあり、至高の御方、アッラーの尊顔をそこで拝することである。」[11]

イマーム・マーリク・ブン・アナスは、「その日、ある者たちの顔は輝き、かれらの主を、仰ぎ見る。」（復活章七五・二二、二三）というクルアーンの啓示に関して、強く偉大なアッラーをわれわれは仰ぎ見ることができるのですか、と人に問われた。それに対して、彼は「はい」とだけ言った。

他方、イマーム・アッシャーフィイーは、「いや、本当にかれらは、その日、主（の御光）から締め出される。」（量を減らす者章八三・一五）というクルアーンの啓示に関して、かれら（非支持者）が（アッラーの）怒りをもって締め出されたということは、言い換えればそれは、支持者たちはアッラーを喜悦して仰ぎ見ることを意味する旨を述べた。

こういった預言者伝承などは、実に多数に上る。それらは天国の人たちは、間違いなく自分の目でその主を仰ぎ見ることになることを立証しているのである。

〈話しかけられること〉

次には、称えあり至高のアッラーが、天国の人たちに対して話されるということについてである。それは次のクルアーンの言葉に明らかである。

「アッラーの約束と、自分の誓いとを売って僅かな利益を購う者は、来世において得分はないであろう。復活の日には、アッラーはかれらに御言葉も与えず、また顧みられず、清められることもない。」（イムラーン家章三・七七）

僕である信者たちに語りかけられるということをこの啓示は示しているが、同様にアブー・フライラの次の預言者伝承もそれを語っている。「その場に残るものはいない。ただしアッラーが来られて、誰々よ、あれをした日を覚えていますか？　と問われるのを除いてだが。[12]」

同様にアディー・ブン・ハーティムの次の預言者伝承も語っている。「復活の日には、主が話しかけられない人はいない。[13]」

同様にブライダからの預言者伝承には次のものがある。「復活の日には、誰しもがアッラー抜きではありえず、アッラーとその人との間には覆いも通訳もない。」

〈結　論〉

アルブハーリーは『サヒーフ』の主の天国の人々との話の節において、「天国の最良の至福は、アッラーの尊顔を拝すること、次いで人々に話をされることである。」という趣旨の伝承をいくつも挙げている。したがって、それを否定することは、天国の精神を否定することになる。また最高の至福を否定し、その天国を良いものと感じさせる最善のものを否定することになるのである。

アッラーこそは、（人々が）助力を求める御方である。[14]

注

（1）本章は校訂本第六五章と第六六章の摘訳。ちなみに第六五章は、本書で一番長い章になっていることを明記しておきたい。内容も豊富であり、訳出上も多く紙数を費やした。

（2）「われを見ることができない」と初めにあるのは、この世の弱い視力でそのまま普通に物を見るようには見られない、という意味。後半、山が粉微塵になるシーンでアッラーの意識が信者に充満して、「われを見るであろう」と表現しているのと矛盾はない。ここでも「見る」という機能はこの世とは異なって、天国流に理解される好例の一つとなっている。

（3）アッティルミズィー伝承集二五五五。

（4）イブン・アビー・アッドゥンヤー、前掲書、九四。

（5）『日訳サヒーフ　ムスリム』第一巻、一四三ページ、『ハディース』上巻、二二五ページ、下巻、一四六―一四七、三六八ページ。
（6）『日訳サヒーフ　ムスリム』第一巻、四二一―四二二ページ、『ハディース』上巻、一六五、一七〇ページ、中巻、六四六ページ、下巻、三六六ページ。
（7）『日訳サヒーフ　ムスリム』第一巻、一四二―一四三ページ。
（8）アッダールコットニー伝承集『拝顔』一八三。
（9）同掲書、一七六。
（10）アッダールコットニー、前掲書、一九二。
（11）以下、三名の発言は、校訂本三二二、三二七、三二九ページ。
（12）アフマド伝承集一四〇三七、イブン・アビー・アッドゥンヤー、前掲書、二五二。
（13）『日訳サヒーフ　ムスリム』第一巻、四二一―四二二ページ、第二巻、一三八ページ、『ハディース』上巻、三八〇―三八一ページ、中巻、二四八―二四九ページ。
（14）この一段落は、イブン・カイイム・アルジャウズィーヤ自身が本件議論の結末として書いた文章である。校訂本三三六ページ。

10　天国は永遠であること（1）

クルアーンに言う。「幸福な者たちは楽園に入り、あなたの主の御好みによる以外、

天と地の続く限り、その中に永遠に住むであろう。限りない賜物である。」（フード章一一・一〇八）

ここで「御好み（シャーア）による以外」という除外規定があるところから、永遠性に関する議論が出てくる。解釈の第一は、その例外は、天国に入る前に地獄で罰を受けていた期間を指すというものである。第二の解釈は、その例外期間は、死去と復活の日までの間のバルザフにいる期間と考える方法である。第三には、永遠にさらに追加部分がアッラーの思し召しにより可能性があるとする見解である。

イブン・タイミーヤは最後の解釈を支持する。

さらには、この例外期間は復活の日にアッラーの裁きを受けるために留め置かれる時間帯である、あるいは「以外」と言う時に使う否定詞のマーを「誰々」のマンの意味に解釈して、「あなたの主の御好みによる人たち」と解釈する人もいる。

自分としては、これらは限定的に解釈して互いに排除するのではなく、いずれもが妥当するように柔軟に解釈できるのではないかと考える。

次の論点は、天国が永遠かどうかである。これについてもいろいろの解釈がある。

『二真正伝承集』に言う。「天使は『天国の人々よ、あなた方は死なずにいつまでも生きる。そして地獄の人々よ、あなた方も死なずにいつまでも生きる』と呼びかける。」[2]第一の解釈は、それは地獄同様、消滅するという説である。第二の解釈は、両者とも消滅しないで、永存するという見方である。第三の解釈は、天国は残存するが、地獄は消滅するという考え方である。

第一の説は、消滅するのは主のお考えによる論理的可能性ということであるが、主の言葉として天国の永遠なることはくり返されているので、不要な詮索であるというのが一般の見方である。さらにクルアーンを見よう。「川が下を流れ、常に果実が実り、日陰に覆われている。」(雷電章一三・三五)「本当にこれは、尽きることのない(あなたがたへの)賜物である。」(サード章三八・五四)「あなたがたの持つものは凡て消滅する。だがアッラーの御許のものは残る。」(蜂蜜章一六・九六)

第三の地獄は消滅するというのも同様に、広くは支持されていない。地獄も永存するように創造されたと解される。[3]

天国と地獄は永遠なものであるとするのが正しく、そうでないと言うのは、逸脱した

（ビドゥア）解釈である。

注（1）本章は校訂本第六七章の摘訳。
（2）『日訳サヒーフ　ムスリム』第三巻、七一〇―七一一ページ、『ハディース』下巻、五九六―五九七ページ。
（3）校訂本ではこの後、地獄も永存することの議論（三四三―三五六ページ）ならびに、同じく永存する天国と地獄の違いについて改めての整理（三五六―三七五ページ）が相当長く続けられている。前者は地獄論であり、後者はかなり自明であるので、ここでは割愛した。

11　天国の人々の諸相[1]

〈天国の人たちの言語〉

アナス・ブン・マーリクは預言者伝承として、次を伝えている。「天国へ入る人は、アーダムのように身長が六〇腕尺、ユースフのように美しく、イーサーのように三三歳、そしてムハンマドのような舌で（アラビア語で）、何も憚らず率直で目の周りが黒くなっている（男前である）。[2]」

〈その人たちは眠らないこと〉

ジャービル・ブン・アブドッラーは預言者よりの伝承として、次のものを伝えた。

「眠ることは、死の兄弟で、天国の人々は眠らない。[3]」

また同様にジャービルの伝えたところを、アッタブラーニーは記した。

「預言者（祝福を）は天国の人々は眠るかと人に尋ねられた。それに答えて言われた、眠ることは死の兄弟で、天国の人たちは眠らない、と。」

〈子孫が後から続くこと〉

天国の人たちの幸福を極めるために、気高い恵みを与えられる御方は、彼らの子孫を後から続けられた。それは同じ階層ではないかもしれない。

クルアーンに言う。「信仰する者たち、またかれらに従った信心深い子孫の者たち、われは、それらの者を（楽園において）一緒にする。かれらの凡ての行為に対し、少しも（報奨を）軽減しないであろう。誰もがその稼ぎに対し、報酬を受ける。」（山章五二・二一）

イブン・アッバースは預言者（祝福を）から聞いた伝承を伝えている。「アッラーは信者の子孫をその階層に応じて、彼の下へ上げられる。もしその子孫がその信者ほどの行いをしていなければ、彼らに目を凝らされて、そして読まれる。『信仰する者たち、またかれらに従った信心深い子孫の者たち、われは、それらの者を（楽園において）一緒にする。かれらの凡ての行為に対し、少しも（報奨を）軽減しないであろう。』と。そして言われる、子孫として与えた者を全員親の下に集めるのだ、と。」

同様にイブン・アッバースは預言者（祝福を）の言葉を伝えている。「男が天国に入ると、その両親、妻、子供についてどこにいるかと問い合わせるが、答えは、彼らはあなたの階層や仕事のレベルには至らなかった、というもの。そこでその男は、主よ、わたしと彼らには（異なる階層を）当てられた、と言う。そうすると、（アッラーは）彼らにその男に従うように命じられた。そこでイブン・アッバースは次のクルアーンの節などを読み上げた。

『信仰する者たち、またかれらに従った信心深い子孫の者たち』と。そしてこの節の最後まで読みつづけた。[4]」

〈天国と地獄の間で死は葬られること〉

『二真正伝承集』にはアブドゥッラー・ブン・ウマルが伝える次の預言者伝承がある。

「天国に住むべき者らが天国に行き、地獄に入るべき者らが地獄行くとき、〝死〟が連れ出されて、天国と地獄の間に立たされるが、その後、(その死は無きものとされて)屠殺される。その後、告知役の者が、『天国の住民よ、死はない。地獄の住民よ、死はない』と知らせる。これによって、天国の住民たちの喜びは増し、地獄の住民の悲しみは増すのである。」[5]

注(1) 本章は校訂本第六九章の摘訳。前の第六八章は割愛したが、その要点は、天国に最後に入ってくる人は誰かという議論であり、それは地獄で最後に釈放される人であるということ。

(2) イブン・アビー・アッドゥンヤー、前掲書、二四八。

(3) アブー・ナイーム、前掲書、九〇、二一五。

(4) アッタブラーニー、前掲書『大辞書』(一二三四八)三四九/一一、『小辞書』六四〇。

(5) 『日訳サヒーフ　ムスリム』第三巻、七一一－七一二ページ、『ハディース』下巻、一四一－一四二ページ。

12　この吉報に値する人[1]

〈吉報に値する人たち〉

クルアーンは、アッラーへの信仰（イーマーン）、畏怖（タクワー）、忠誠（イフラース）という三つの事柄が軸になっている。これら三つを遵守する人に吉報があるのである。それは言い換えれば、アッラーへの帰依（ターア）と被創造物への善行（イフサーン）という二つとも言える。そしてそれらは一つの原点に戻る。それはアッラーの愛である。そしてその実現のためには、アッラーの使徒（祝福を）に外面内面の双方から、模範として従うしかないのである。

大半の有識者たちは、あるべき正しい信仰とは、言葉（カウル）と行動（アマル）、意図（ニーヤ）と慣行遵守（タマッスク・ビッスンナ）であり、信仰は深まり増えもするし、薄らぎ減りもすると考える。以上の教えに従う人たちこそは、この吉報に値する人たちなのである。

〈天国の人々の最後の祈り〉

天国での最後の祈り（ダウワー）の言葉として、本書を始めたときと同じ言葉を以下にくり返す。それは次のクルアーンの啓示である。「本当に信仰して善行に励む者には、かれらの主は、その信仰によってかれらを導かれる。至福の楽園の中に、川はかれらの足元を流れるのである。その中でかれらの祈り（ダウワー）は、『アッラーよ、あなたの栄光を讃えます。』であり、またそこでのかれらの挨拶は『平安あれ。』であり、そして祈り（ダウワー）の結びは、『万有の主アッラーを讃えます。』である。」（ユーヌス章一〇・九－一〇）

以上の祈りの初めにある「アッラーよ、あなたの栄光を讃えます（スブハーナカ・アッラフンマ）」という主要な意味内容は、適切でなく良くないものを取り除き、主を偉大で荘厳なものとして崇めることと言える。そのような趣旨の預言者伝承も、種々に伝えられている。また「讃えます」の終わりにある言い回し（アッラフンマ）というのは、祈りの率直さを示す一句である。アッラーよ、ということと、それは称賛であり、嘆願も示す。

そして右の祈りの終わりにある、「万有の主アッラーを讃えます（アルハムドゥ・リッラー・ラッビ・ルアーラミーン）。」は、初めのよりもより広くて、称賛と嘆願を兼ねているのである。これで含蓄のすべてを言い尽くしたわけではないが、いずれにしても祈りの初めは「崇敬し讃えます（スブハーナカ）」であり、その終わりはやはり「讃えます（アルハムドゥ・リッラー）」なのである。

以上の含蓄全体に関しては、何か特定の意思（イラーダ）を指して言っているというよりは、直感（イルハーム）の問題であると了解してよい。そう理解するほうが、この節の意味により適切で、またその状況にも適合している。いずれにしても、称えられるアッラーが一番ご存知である。

注（１）　本章は校訂本最後の第七〇章の摘訳。

――奥 付――

本書『喜びの国への魂の導き』の写本執筆は、勝利を選ばれたアッラーの助けにより全うすることができた。

それはヒジュラ暦九四三年、偉大なラマダーン月九日である。アッラーを求める人、ダマスカスの住人でシャーフィイー学派のイブラーヒーム・ブン・ムヒーッディーン・ムハンマド・ブン・アフマド・ブン・アッダウィークが、トリポリ市のアルジャーミウ・アルカビールにおいて仕上げた。われわれの定命はアッラーにあり、恵みの主で、万有の主、アッラーに称賛を。

参考1　『喜びの国への魂の導き』原文目次

（摘訳である本書は、全体で原文の約五分の一から六分の一ほどの長さに短縮されている。目次も短縮されている。今後、天国論の特定の側面を研究される方の参考までに、原文の目次全体を以下に掲載した。なお原文目次の章番号と摘訳上の章番号の関係については、本書各章初めの注に明記しておいた。）

目　次

校訂者序

イブン・カイイム・アルジャウズィーヤの序言

天国描写の詩

1　今天国のあること

2　アーダムが住んでいてそこから降りて来た天国は、永久の天国かあるいは地上の高い所にある天国かという異説について

3　最後の日に人々が入るのは、永久の天国だと主張する人たちの流れ

4　永久の天国ではなくて、地上の天国だと主張する一派の流れ

5　前者の主張に対する後者の答え

6　後者の主張に対する前者の答え

7　天国はまだ創造されていないとの主張について

8　それに対する答え

9　天国の門の数について

10　天国の門の大きさについて

11　天国の門の様子とその取っ手について

12　天国の門と門の間の距離について

13　天国の在り処

14　天国の鍵

15　天国に入る時署名する記録帳について

16　天国の道は一つしかないのか

17　天国の階層について

18　天国の一番高い階層とその名前

19　天国という商品を主が僕に見せること、その対価と売買契約について

20　天国の人たちが主に求めること、天国が彼らに対して求めること、主に対する彼らのための執り成しについて

21　天国の名称、その意味、その派生語について

22　天国の数とその二種類・金と銀の天国

23　天国創造と好みの天国をその手で安置されることについて

24 天国の門番とその鍵係とその長の名前
25 天国の門を初めに叩く人について
26 天国に初めに入る人たちについて
27 天国に先に入っている人たちとその状態について
28 天国に貧者たちが富者より先に入ることについて
29 天国が優先的に保証される人たちについて
30 天国の大半の人たちはムハンマド（祝福を）の従者であること
31 天国にいるのは女性の方が男性より多く、また地獄も同様であること
32 天国に審理なしで入る人たちのこと
33 天国に入れる主が彼らを駆り立てる事柄について
34 天国の土壌、泥、石、建物について
35 天国の光と白さについて
36 その館、城、宮殿、天幕について
37 天国に入るとその前に知らなくても、家と住居を知ることについて
38 天国に入る方法と、その際に受け取るものについて
39 天国の人たちの身分、性質、背丈、幅、歯の大きさについて
40 天国で一番身分が高い人と低い人たちについて、高い人はアーダムの子孫であること
41 天国に入る人たちの貴重品について
42 天国の香りとそれを吸い込むことについて

43 天国の礼拝の呼びかけについて
44 天国の樹木と庭園とその影について
45 天国の果実、種類の数、性質、香りについて
46 天国の農耕について
47 天国の川、泉、その種類、流れについて
48 天国の人たちの食べ物、飲み物、それらの提供処について
49 飲食の食器とその種類、性質について
50 衣類、装飾品、布、家具、居間用品、クッション、枕、絨毯について
51 彼らの天幕、寝椅子、高椅子、覆いについて
52 彼らの召使、少年たちについて
53 彼らの婦人、妾、その種類、良好さ、清浄さ、およびアッラーが描写されたその内的外的な美しさについて
54 目が大きくて美しい女性が創られた物質、その事跡、彼女たちの性質、彼女たちの夫について現在知っていることに関しての話
55 天国の人たちの結婚、性交、その堪能、および精液や弱さからは清浄で、洗浄は必要としないことについて
56 天国で妊娠して出産があるかどうかについての異説
57 天国で聞くこと、女性たちの歌、演曲の楽しみ
58 天国の人々の乗り物、馬、車について

59 相互訪問について、その記憶と地上での事柄

60 天国の市場について、アッラーがそこで準備されたもの

61 主を彼らが訪れることについて

62 天国で襲う雲と雨について

63 天国の主権および彼ら全員がそこの王であること

64 天国は心に浮かんだり巡ったりする事柄以上で、そこの鞭の場所は地上よりも良いこと

65 公然とその目で主を見ることは、新月が彼らに微笑んで姿を現すのと同様であること

66 天国の人たちに話され、説教され、講演され、挨拶されることについて

67 天国は滅びず死なず、永劫であることについて

68 天国に最後に入る人たちについて

69 まだ言及されていない事柄について

70 この吉報に値する事柄について

参考2　クルアーンにおける天国

（本書第2部5に列挙されたクルアーン上の天国の名称を、一覧に整理した。この一覧を活用してクルアーンの関係個所を拾い読みするのは、自分で直接に天国のイメージ作りをして、その理解を深めるうえで大変に役立つと思われる。）

1

楽園（ジャンナ）

雌牛章二・三五、八二、一一一、二一四、二二一、二六五、二六六　イムラーン家章三・一三三、一四三、一八五　婦人章四・一二四　食卓章五・七二　高壁章七・一九、二二、二七、四〇、四二、四三、四四、四六、四九、五〇　悔悟章九・一一一　ユーヌス章一〇・二六　フード章一一・二三、一〇八　雷電章一三・三五　蜜蜂章一六・三二　夜の旅章一七・九一　マルヤム章一九・六〇、六三　ター・ハー章二〇・一一七、一二一　識別章二五・八、一五、二四　詩人たち章二六・八五、九〇　蜘蛛章二九・五八　ヤー・スィーン章三六・二六、五五　集団章三九・七三、七四　ガーフィル章四〇・四〇　フッスィラ章四一・三〇　相談章四二・七　金の装飾章四三・七〇、七二　砂丘章四六・一四、一六　ムハンマド章四七・六、一五　カーフ章五〇・三一　星章五三・一五　出来事章五六・八九　鉄章五七・二一　集合章五九・二〇　禁止章六六・一一　筆章六八・一七　真実章六九・二二　人間章七六・一二　引き離すもの章七九・四一　包み隠す

章八一・一三　圧倒的事態章八八・一〇

2　平安の館（ダール・アッサラーム）

家畜章六・一二七　ユーヌス章一〇・二五

3　永劫の館（ダール・アルフルド）

アル・ヒジュル章一五・四八　フッスィラ章四一・三八

4　永住の館（ダール・アルムカーマ）

創造者章三五・三五

5　逃れの楽園（ジャンナ・アルマアワー）

星章五三・一五　引き離すもの章七九・四一

6　アドンの楽園（ジャンナート・アドン）

マルヤム章一九・六一　創造者章三五・三三

7　生気の館（ダール・アルハヤワーン）

蜘蛛章二九・六四

8　フィルダウス

洞窟章一八・一〇七　信者たち章二三・一〇、一一

9　至福の庭（ジャンナート・アンナイーム）

ルクマーン章三一・八

10　安泰な場所（アルマカーム・アルアミーン）

煙霧章四四・五一

11　真理の居所（マクアド・アッスィドク）

月章五四・五四、五五

12　優れた足場（カダム・アッスィドク）

ユーヌス章一〇・二

参考3　預言者伝承集一覧

（預言者伝承はイスラームの第二の源泉として潤沢な体系であるが、天国論についても全く同様であることは、本書を通じても明らかである。本書でも、しばしば引用しているので、以下は心覚えまでの関係書一覧である。）

1　アルブハーリー（ヒジュラ暦八七〇年没）『サヒーフ』
日本語訳は、『ハディース・イスラーム伝承集成』牧野信也訳、中央公論社、一九九三－一九九四年。全三巻。全六巻の文庫版も出されている。

2　ムスリム（ヒジュラ暦八七五年没）『サヒーフ』
日本語訳は、『日訳サヒーフ　ムスリム』磯崎定基・飯森嘉助・小笠原良治訳、日本ムスリム協会、一九八七年。全三巻。

以上の二書を合わせて『サヒーハーニ・二真正伝承集』と別格の名称で呼ばれるが、それはこれら二書に対する信頼度が高いことを示している。またムスリムの間では、これら二書に共通している事柄は、それ以上議論の余地がないものとして扱われることが少なくない。

以下の英語訳はすべてあるが、日本語訳はない。本書中の引用番号はそれぞれアラビア語本の番号である。

3　アブー・ダーウード（ヒジュラ暦八八九年没）『スナン』
4　アンナサーイー（ヒジュラ暦九一五年没）『スナン』
5　アッティルミズィー（ヒジュラ暦八九二年没）『ジャーミウ』
6　イブン・マージャ（ヒジュラ暦八八七年没）『スナン』

以上がいわゆる六書であるが、次の三書を合わせて九書とされることもある。

7　マーリク（ヒジュラ暦七九五年没、マーリキー法学の祖）『ムワッタ』
8　アフマド・ブン・ハンバル（ヒジュラ暦八五五年没、ハンバリー法学の祖）『ムスナド』
9　アッダールミー（ヒジュラ暦二五五年没）『スナン』

このほか本書中では、イブン・ハッバーン（ヒジュラ暦三五四年没）『サヒーフ』も引用されている。

次は預言者伝承集の補充や、座右の書とも言うべきアラビア語参考書一覧である。

1　アッタブラーニー（ヒジュラ暦三六〇年没）『大・中・小辞書』　教友たちの名前順で整理し直したもの。
2　アルハーキム（ヒジュラ暦四〇五年没）『ムスタドゥリク』　『二真正伝承集』を補充する目的で編まれた。

3　ムハンマド・ファード・アブド・アルバーキー著『真珠と珊瑚』カイロ、二〇〇五年。『二真正伝承集』に共通した伝承だけをまとめたもの。彼が別途まとめた『二真正伝承集』で付けられた伝承番号が、現在普通に使用されているもの。

4　アンナワウィー（ヒジュラ暦六七六年没）『リヤード・アッサーリヒーン』クルアーン関係個所や約一九〇〇の預言者伝承を選択し、礼拝、衣服など項目別に整理したもの。ムスリム・マニュアルの普及版として現在も広く使用されている。

5　アルハーフィズ・アルイラーキー（ヒジュラ暦八〇六年没）『六書の索引』伝承の出だし部分を索引化して、検索できるようにしたもの。ただしこの種の索引は、最近はネット情報で検索可能となった。

6　以上のほか、預言者伝承の参考書としては、伝承者あるいは内容的に一部（アジュザー）だけに集中して編纂しなおしたもの、伝承関係者（リジャール）人名録、伝承関係専門語（ムスタラハート）集、各種索引（ファハーリス）がある。

アラビア語主要参考文献

（天国論は現在も多数出版されている。以下は本書執筆作業のために参照した主要なもので、全体のほんの一部にすぎない。）

古　典

アブー・ナイーム・アルアスバハーニー（ヒジュラ暦四三〇年没）『天国の状態』ベイルート、出版年不明。

イブン・アビー・アッドゥンヤー（ヒジュラ暦二八一年没）『天国の状態』ベイルート、二〇〇六年。

イブン・カイイム・アルジャウズィーヤ（ヒジュラ暦七五一年没）『天国に関するヌーン脚韻詩』ベイルート、二〇〇五年。

イブン・カスィール（ヒジュラ暦七七四年没）『天国の状態』ベイルート、一九九四年。

同上『三階の様子』カイロ、出版年不明。（クルアーン解説の抜粋、この世、地獄、天国の三階に分けている）

アフマド・アルカーディー（ヒジュラ暦九一一年没）『天国と地獄の詳細な情報』余白補注・アブー・バクル・アッスユーティー、カイロ、一九五五年。

現代（現代でも構成要素は古典とほとんど変わりない。）

ウマル・スレイマーン・アブドゥッラー・アルアシュカル『天国と地獄の業火』アンマーン、二〇〇四年。

ムハンマド・ムタワッリー・アッシャアラウィー『天国と真実の約束』ベイルート、二〇〇六年。

ターリク・アッスエイダーン『終末物語』クルトゥバ技術製造、リヤード、ヒジュラ暦一四一八年。全六巻の録音テープだが、人気の伝教師による信頼のおける良い内容になっている。

『世界アラブ百科事典』リヤード、第二版、一九九九年。全三〇巻。「アルジャンナ」「ジャハンナム」などの項目参照。なお本百科事典は、今日のサウジアラビア他アラブの主要な学識者の総力を結集して作成されたもので、水準とバランスの良さは注目してよい。

この他一般にアラビア語のネット情報も参考になる。たとえば天国論がアラブ世界でどのように議論されているかを一望の下に把握できる（jannahで検索）。また霊魂の科学的研究の最先端も教えてくれる（rouhで検索）など。

おわりに

イブン・カイイム・アルジャウズィーヤの著作を訳していて気がついたことがある。それは、彼が天国のテーマについていろいろ考えている軌跡や過程がよくわかる書きぶりになっているということである。

これは彼よりも一世代古くて、その師匠であったイブン・タイミーヤの固くて大上段に構えた文章とはかなり異なっているのである。文章技術的な観点もさることながら、より具体的な主題について読者に親密に語ろうという姿勢の違いもかなり影響していると考えられる。それだけ師匠の世代は、波乱万丈、疾風怒濤の時代であり、より強い姿勢が必要とされたのであろう。

いずれにしても本書のテーマにとっては、イブン・カイイム・アルジャウズィーヤが天国論を書いてくれたことは幸せであった。それだけ現代の日本人にも読みやすくなっているからである。

このことはまた、筆者にとっても誠に好都合であった。なぜならば、従来からイスラーム関係の書籍で肩の凝る読み物が氾濫していることが、気がかりになっていたからである。この問題が、日本でイスラームへの親密な理解と本格的な関心を喚起するうえで、無視できない障害となっていることが、日頃より懸念材料になっていたのである。

とくにイスラーム信仰の内容に関する素材が日本語ではまだまだ不足している以上、親しめるかたちでアラブの古典紹介を今後ともできるだけ継続したいという気持ちを新たにしている。

それにしても、本書を手にして読了される人の心に響くようにしたいという願いを初めから最後まで持ちつづけて作業にあたった。正しい知識に裏打ちされる必要があることは言うまでもないが、しかしそれに終わってもいけないのが教えの書き物である。信仰は学問を超えて突き進むのであり、強く正しく生きるための糧である。

書くほうも読むほうもその意識を持って歩を進め、やがて意が通じれば幸いである。それはいわば一期一会のようなものかもしれない。しかしその言葉に伴う日本的な切なさや無常観とは縁遠いのが、イスラームの感覚でもある。生きることの真理の錨にもっと強く繋がれているのである。

このような大望を持ちつつもその何ほどが実現できたのだろうか。たんなる意図表明にすぎないのではないかと、筆を擱くにあたって忸怩たるものがある。

「アッラーは誰にも、その能力以上のものを負わせられない」（雌牛章二・二八六）という一節をつぶやかざるをえない。

〈信仰関係〉

アッダユース（悪を植えつける人） 106
アマル（行動） 224
イフサーン（善行） 224
イフラース（忠誠） 224
イーマーン（信仰） 224
イラーダ（意思） 226
イルハーム（直感） 226
カウル（言葉） 224
ターア（帰依） 224
ダウワー（祈り） 225
タクワー（畏怖） 224
タマッスク・ビッスンナ（慣行遵守） 224
トゥーバー（安寧, 安心大悟） 23, 145, 160, 177, 184, 192
ニーヤ（意図, 意志） 19, 224

〈預言者〉

アーダム 13, 58, 59, 60, 105, 111, 134, 135, 136, 167, 177, 183, 220
イブラーヒーム 62, 128, 172
イーサー 220
ムーサー 136, 137, 205
ムハンマド 17, 18, 22, 24, 37, 48, 52, 53, 55, 61, 62, 70, 71, 72, 76, 78, 85, 89, 90, 105, 109, 110, 116, 129, 136, 137, 139, 147, 149, 220

〈天使〉

ジブリール 57, 76, 78, 85, 105, 111, 138, 150
ミーカーイール 85

〈悪魔〉

イブリース（最悪の悪魔） 24, 38, 59
シャイターン（悪魔） 50, 53, 58, 84, 193
ジン（天邪鬼） 99, 168, 170, 173, 193

天国関係アラビア語用語索引

〈天国の呼称〉

アドン（エデンの園） 59, 101, 104, 106, 124, 158
アルマカーム・アルアミーン（安泰な場所） 102
カダム・アッスィドク（優れた足場） 103
ジャンナ（楽園） 99
ジャンナ・アルマアワー（逃れの館） 23, 100, 234
ジャンナート・アンナイーム（至福の楽園） 102
ダール・アッサラーム（平安の館） 99
ダール・アルハヤワーン（生気の館） 101
ダール・アルフルド（永劫の館） 100
ダール・アルムカーマ（永住の館） 100
フィルダウス（天国の中心） 79, 101, 102, 104, 105, 106
マクアド・アッスィドク（真理の居所） 102

〈天国関係の事物〉

アブカリー（敷物） 161, 162
アリーカ（高椅子） 163
アルバイドゥフ（川） 151
イスタブラク（錦） 158, 161
イッリッイーン（記録簿） 81
カーフール（樟脳） 152
カウサル（川） 57, 67, 150, 151
ザアファラーン（本文中サフラン） 106, 122, 123, 124, 146, 183
ザラービーユ（敷物） 162
サルサビール（泉） 152
ザンジャビール（生姜） 152
スィドラ（木） 54, 78, 79, 137, 144
スルル（寝床） 162, 163
スンドゥス（絹） 158
タスニーム（泉） 152
ナマーリク（褥） 162
バスト（絨緞） 161
バルザフ（中間態） 15, 16, 30, 60, 218
フルシュ（寝床） 161, 165
ライヤーン（門） 69, 70
ラフラフ（褥） 161
リドワーン（門番の長） 108
ワスィーラ（天国の最高階） 89, 90, 91, 103

〈天国の女性〉

ウルブ（汚れていない女性） 173
カワーイブ（胸の膨れた女性） 174
ハイラート（素晴らしい女性） 171
ヒサーン（美しい女性） 171
フール・イーン（目の大きい美人） 168, 175
マクスーラート（天幕に留められた女性） 170
マハスーナート（貞淑な女性） 171
マハブーサート（閉じ込められた女性） 170

訳著者紹介

水谷　周　（みずたに　まこと）

1948年、京都生まれ。イスラーム研究家。京都大学文学部卒業、米国ユタ大学中東センター博士（歴史）。日本にもなじみやすいイスラーム信仰の紹介を目指す。

著書に『イスラーム信仰とアッラー』知泉書館、2010年。*An Intellectual Struggle of a Moderate Muslim ; Ahmad Amin,* Cairo（エジプト文化省), 2007.『日本の宗教—過去から未来へ』(アラビア語) ダール・アルクトブ・アルイルミーヤ社、ベイルート、2007年、など。

イスラームの天《てん》国《ごく》　　ISBN978-4-336-05205-6

平成22年8月3日　　初版第1刷発行

訳著者　水　谷　　周

発行者　佐　藤　今　朝　夫

〒174-0056 東京都板橋区志村 1-13-15

発行所　株式会社　国　書　刊　行　会

電話 03(5970)7421　FAX 03(5970)7427

E-mail: info@kokusho.co.jp　URL: http://www.kokusho.co.jp

印刷 モリモト印刷㈱　製本 ㈱ブックアート

5

水谷周著

イスラーム建築の心―マスジド

イスラーム建築の粋は礼拝所であるマスジド（モスク）である。いかに豪華、壮大、多様であっても、その中核的な心は、礼拝における誠実さ、忍耐、愛情、禁欲、悔悟などの徳目に力点が置かれる。

6

飯森嘉助編著

イスラームと日本人

イスラームは日本人にとって、どのような意味を持ちうるのか。イスラームと日本人の接点を回顧し、今後の可能性と問題をまとめる。（飯森嘉助、片山廣、最首公司、鈴木紘司、樋口美作、水谷周）

7

河田尚子編著

イスラームと女性

イスラーム本来の教えでは、男女平等が唱えられている。何が問題になるのか、教えの基本に立ち返って論じる。（金山佐保、齊藤力二朗、前野直樹、永井彰、松山洋平・朋子、リーム・アハマド他）

8

徳永里砂訳著

イスラーム成立前の諸宗教

イスラームの登場した紀元七世紀以前のアラビア半島の宗教状況は、従来、ほとんど知られていなかった。わが国で初めて本格的にこのテーマに取り組む。（徳永里砂、アブドゥル・ラティーフ）

9

水谷周著

イスラーム現代思想の継承と発展

イスラームの現代における政治、社会思想は、どのように継承発展させられているのか。著名な学者父子の思想的な関係を通じて実証的に検証し、アラブ・イスラム社会の家族関係の重要性も示唆。

10

水谷周編著

イスラーム信仰と現代社会

政治、経済、そして安楽死や臓器移植など、現代社会を取り巻く多岐にわたる諸問題に、イスラーム信仰の立場から、どのように捉え対応していくべきかに答える。（奥田敦、四戸潤弥、水谷周他）